OUVRAGES DU MÊME AUTEUR

FR. C.

Lettres d'un Libre-penseur à un Curé de village (1re série), 1 vol. in-18............ 3 »

Lettres d'un Libre-penseur à un Curé de village (2e série), 1 vol. in-18............ 3 »

Le Tocsin, brochure........................ *épuisé*

Alerte !... brochure........................ *id.*

Les Propos d'un Mécréant, brochure...... *id.*

Le Confesseur de ma Femme, nouvelle... *id.*

Le Livre des Femmes, 1 vol. in-32 de 192 pages .... » 30

Lettres parisiennes (La politique en 1873), 1 vol. in-18 .... 3 »

POUR PARAITRE ULTÉRIEUREMENT :

Un amour honteux (roman), 1 vol. in-18... 3 »

La part des Femmes, 1 vol. in-18......... 2 »

Le Code des Femmes, 1 vol. in-18....... 2 »

Si les Femmes voulaient !... brochure.... 1 »

LE DIVORCE

PROJET DE LOI

PRÉCÉDÉ D'UN EXPOSÉ DES MOTIFS

ET SUIVI

DES PRINCIPAUX DOCUMENTS OFFICIELS

SE RATTACHANT A LA QUESTION

PAR

LÉON RICHER

AVEC

UNE LETTRE-PRÉFACE PAR

LOUIS BLANC

BIBLIOTHÈQUE PUBLIQUE DE MONTLUÇON

PARIS

LE CHEVALIER, ÉDITEUR

61, RUE RICHELIEU, 61

LE DIVORCE

PROJET DE LOI

PRÉCÉDÉ D'UN EXPOSÉ DES MOTIFS

ET SUIVI

DES PRINCIPAUX DOCUMENTS OFFICIELS

SE RATTACHANT A LA QUESTION

PAR

LÉON RICHER

AVEC

UNE LETTRE-PRÉFACE PAR

LOUIS BLANC

BIBLIOTHÈQUE
DE
MONTBÉLIARD.

PARIS

LE CHEVALIER, ÉDITEUR

LE DIVORCE

DÉDICACE

A Monsieur LOUIS BLANC, *Réprésentant du Peuple.*

Monsieur,

J'ai eu la hardiesse d'écrire, seul, un projet de loi nouveau sur le divorce.

Je le publie, en le faisant précéder de quelques considérations qui peuvent servir d'Exposé des motifs.

Est-ce une œuvre utile? — Je le crois.

Est-ce une œuvre parfaite? — Non.

Il m'a fallu tenir compte des préjugés de mon temps, faire la part des hésitations inséparables d'une époque où le catholicisme, imbu des doctrines de saint Paul, exerce encore, sur un nombre considérable de consciences, une autorité sans rivale.

Mon Projet *ne pouvait donc, sans ris-
quer de compromettre l'idée fondamentale,
se montrer trop absolu dans sa forme, trop
rigide ou trop exclusif dans ses exigences.*

*Cependant, je n'ai sacrifié aucun des prin-
cipes que j'avais pour devoir impérieux de
sauvegarder.*

*La loi que j'apporte n'est pas, à bien
prendre, une loi de* transaction.

*C'est, ainsi que je l'ai dit et le répète-
rai, — une loi de* transition.

Moins radicale que celle de 1792*, elle est
plus complète, plus avancée, plus conforme
au droit et à la justice, que celle de* 1803.

*Dans un travail de cet ordre — de cette
importance, pourrais-je dire, — la législation antérieure de notre propre pays ne
pouvait être oubliée. Il m'a paru utile, indispensable, que ceux qui s'intéresseront à
mon étude, trouvent à leur portée, sans
être obligés de les rechercher eux-mêmes,
les principaux éléments de la grave question que je pose devant eux et soumets, plein*

de confiance, au double jugement de leur conscience et de leur raison. En une matière aussi délicate, je regarde comme absolument nécessaire que nul n'ignore par quelles transformations successives nous avons passé avant d'en venir, pour nous y arrêter trop longtemps, au système bâtard qui prévaut aujourd'hui.

C'est pourquoi j'ai fait suivre mon œuvre personnelle, — si insuffisante par elle-même, — d'un certain nombre de documents officiels propres à jeter quelque lumière sur la grande réforme à laquelle j'essaie de rallier l'opinion publique. Cet ensemble de pièces officielles, fort curieuses et pour la plupart ignorées, constitue la partie vraiment intéressante de mon livre.

Mais cela suffit-il pour assurer, au temps où nous sommes, le succès d'une idée de justice et de régénération sociale ?

Non, certes.

Aussi, je voudrais, pour mettre en harmonie le commencement et la fin de mon modeste ouvrage, que, dès la première page,

un nom éminent — le nom d'un contempo-
rain — vînt attirer, provoquer, fixer l'attention publique et me concilier la bienveillance du lecteur.

Si vous le permettez, Monsieur, ce nom
sera le vôtre.

Votre sympathie avouée pour la cause
que je défends, les marques personnelles
d'estime dont, à plusieurs reprises, vous
avez daigné m'honorer, m'ont inspiré la
pensée d'invoquer votre puissant patronage.

Sous l'égide de votre nom respecté, l'œuvre de réformation que j'ai entreprise et
que je poursuis avec tant de peine, fera
plus sûrement son chemin.

Agréez,

Monsieur et vénéré maître,

l'hommage de mon respectueux et profond dévoûment,

LÉON RICHER.

A Monsieur Léon Richer

—

Monsieur,

Mes sympathies sont acquises depuis longtemps à la cause que vous défendez avec
tant de zèle et d'intelligence.

En 1849, je publiai un essai sur le divorce. Je m'attachai à démontrer:

Que l'indissolubilité officielle du mariage
était contraire à son essence;

Qu'elle servait bien souvent de prétexte,
d'excuse et de provocation à sa dissolution
morale;

Que, loin de protéger les bonnes mœurs
contre l'invasion du libertinage, elle avait,
dans certains cas, pour effet de l'introduire
au sein même de la famille, de l'y instal-
ler en quelque sorte, et d'ajouter à ses séductions l'immoral attrait de la vengeance;

Que la séparation de corps, substituée au divorce, était comme une légalisation de l'adultère ;

Que rétablir le divorce, ce serait rendre au blâme public toute sa puissance, parce qu'alors il serait toujours répressif avec raison et sévère sans cruauté ;

Qu'il y avait beaucoup de profondeur dans ce mot de Montaigne : *La défense les incite et convie* ; .

Qu'en effet, les mœurs avaient presque toujours été plus pures dans les pays protestants, où le divorce est admis, que dans les pays catholiques, où il ne l'est pas ;

Qu'il ne s'agissait nullement d'ailleurs de mettre le maintien de l'union conjugale à la merci de tous les caprices, mais d'accepter le divorce quand il y a consentement mutuel des époux, et de l'autoriser, quand il existe pour cela des motifs graves, reconnus tels par le magistrat, gardien de la stabilité des familles et représentant de l'intérêt social ;

Qu'on avait tort d'invoquer contre le divorce l'intérêt des enfants ;

Que c'était pour eux une triste initiation aux devoirs de la vie, que celle qui consistait à les faire spectateurs obligés de querelles domestiques ;

Que la famille perdait sur eux son heureuse influence, dès qu'elle était devenue le théâtre d'une lutte affreuse qui leur flétrissait le cœur en le déchirant ;

Et enfin, que le divorce n'était pas, comme le prétendent ses adversaires, un encouragement à la rupture des mariages, les inconvénients mêmes qu'il entraîne étant une garantie contre la tentation d'en abuser, et la crainte d'avoir à les subir tendant à établir entre époux un système d'égards mutuels propre à resserrer le lien qui les unit.

Mes idées d'aujourd'hui sont mes idées d'alors. L'étude et l'observation n'ont fait que les confirmer. Je souhaite donc très

vivement à votre livre tout le succès qu'il
mérite.

Vous avez bien voulu associer mon nom
à vos généreux efforts: c'est un honneur
qui me touche et dont je vous remercie.

Recevez, mon cher Monsieur, l'assurance
de mes meilleurs sentiments.

Louis BLANC.

LE DIVORCE

EXPOSÉ

I

« Il y a des questions sociales qui demeurent étouffées pendant des années entières sous une phrase de convention. On est en face d'une immoralité ; on est sous le coup d'une iniquité ; il suffirait d'un regard jeté au fond des choses pour s'en convaincre, mais on ne regarde pas, on ne voit pas. Qui vous en empêche? Un axióme banal ; un sophisme passé à l'état de vérité. C'est ce qui arrive pour la question de la séparation de corps. Bien des voix ont protesté contre les vices et les injustices de cette loi ; mais à toutes ces protestations on répond toujours par ce mot sacramentel : *l'intérêt des enfants !* »

Qui a écrit cela ? — Un homme dont personne ne mettra en doute l'honorabilité ; dont la vie et les doctrines sont au-dessus de tout soupçon : M. Legouvé de l'Académie française. — Contre qui ? — Contre les esprits légers, superficiels qui, repoussant *à priori* tout examen, se laissent influencer par une phrase, un mot, et préfèrent la séparation de corps au divorce, simplement *parce qu'ils ont entendu dire* que cela était mieux.

Il est vraiment inouï que la question du divorce soulève tant et de si amères récriminations. Son nom est à peine prononcé que, de toutes parts, les protestations surgissent. Nous comprenons le sentiment qui les inspire, mais nous ne pouvons admettre la valeur des arguments sur lesquels on prétend les appuyer.

Deux objections principales sont ordinairement faites : l'une, ainsi que le constate fort justement M. Legouvé, n'est autre chose qu'un axiome banal : *l'intérêt des enfants!*

« L'intérêt des enfants » ; — c'est bientôt dit.

Mais a-t-on réfléchi sérieusement à la situation que fait aux enfants, *nés* et *à naître*, le régime de la séparation de corps ? S'est-on enquis de la situation bien différente qu'ils auraient après le divorce prononcé ? A-t-on comparé les deux systèmes ? Les a-t on opposés l'un à l'autre ?

Voilà ce qu'il faudrait d'abord examiner. Nous le ferons, pour notre part, en toute loyauté, le code à la main.

L'autre objection — la plus grave peut-être — est tirée de l'idée, fort accréditée chez nous, que l'Église de Rome considère le divorce comme un crime. Et, en effet, bon nombre de catholiques refusent au législateur le droit de l'insérer à nouveau dans nos codes, « uniquement, disent-ils, parce qu'il est contraire à la loi religieuse. »

Ce n'est plus, dès lors, une question de moralité publique, une question d'intérêt social, c'est une question de conscience. Ici, la foi commande ; la raison n'est plus invoquée. Si grands que puissent être les vices du régime actuel, on n'a point à s'en occuper. Le divorce, même plus avantageux que la séparation de corps, doit être banni des lois humaines, puisque le dogme ne l'accepte pas.

Voilà donc, nettement formulés, les deux arguments principaux, nous pourrions dire les seuls arguments sérieux que l'on oppose à la réforme que nous serions heureux, quant à nous, de voir introduire dans la loi.

Examinons-les avec tout le soin qu'elles méritent ; le terrain une fois déblayé, il nous sera plus facile de faire admettre, au nom même de la sainteté du mariage, le régime que nous préconisons.

L'objection religieuse, étant la plus importante, c'est par elle que nous allons commencer ce travail.

II.

Qui dit *religieux*, dit nécessairement *moral*; une doctrine religieuse qui ne serait pas en même temps une doctrine morale, aurait bientôt contre elle les consciences honnêtes. Si donc nous arrivons à prouver que le divorce est plus moral que la séparation de corps, nous aurons déjà fait un grand pas.

Mais avant d'entrer dans cette discussion, qu'il nous soit permis d'établir que le divorce n'a pas toujours, au sein même du catholicisme, soulevé les mêmes répugnances. C'est une parenthèse que nous ouvrons.

Remontant aux origines mêmes du christianisme, nous trouvons dans le *Deutéronome* cette parole de Moïse:

« Si un homme ayant épousé une femme
« et ayant vécu avec elle, en conçoit du dé-
« goût, à cause de quelque défaut honteux,
« il fera un écrit de *divorce*, et l'ayant mis
« entre les mains de cette femme, il la ren-
« verra hors de sa maison. » (Ch. XXIV, v. 1).

Sans doute l'indissolubilité du mariage a

été, presque dans tous les temps, la règle de
l'Eglise ; mais cette règle a plus d'une fois
fléchi, et nous pourrions citer de nombreu-
ses exceptions sanctionnées par l'Eglise elle-
même. Il nous suffirait de parcourir l'histoire de notre propre pays, pour être en état
de multiplier les exemples et de rappeler les
cas nombreux de mariages royaux complai-
samment dissous par la cour de Rome, dans
des intérêts purement temporels, et quelquefois même dans le seul but de flatter le caprice des princes. Si l'indissolubilité du mariage est de principe divin, nulle exception
ne devait être faite. Il n'y a pas de raison
d'Etat qui puisse prévaloir contre le dogme.
Le dogme est absolu et non variable. Mais,
on le sait, la raison d'Etat, le plus souvent
invoquée, n'était presque jamais qu'un prétexte mensonger, qui ne trompait personne,
et dont l'Eglise elle-même n'était pas dupe.

Les consciences timorées peuvent donc se
rassurer ; la loi divine, de l'aveu même des
papes, ne s'oppose pas *irrévocablement* à la
rupture des unions mal assorties.

M. E. Legouvé, dans son *Histoire morale des femmes*, cite, à ce propos, deux passages des *Assises de Jérusalem*, qui sont fort explicites :

« Si un chevalier quitte son fief et se fait
« mahométan, le mariage est rompu, et la
« femme *peut se marier* un an et un jour
« après l'apostasie de son mari. »

« Si l'un des deux conjoints devient lé-
« preux ou tombe du haut mal, ou exhale
« une odeur fétide de la bouche ou du nez,
« l'Eglise, après examen, prononce le di-
« vorce, et le conjoint sain *peut se marier*. »

Le même écrivain, invoquant le témoignage d'un auteur sacré, ajoute :

« Saint Jérôme nous apprend par la vie de Sainte Fabiola, que le divorce était toléré dans la primitive Eglise. Fabiola, dit ce grand homme en termes exprès , *divorça d'avec son mari parce qu'il était vicieux et se remaria*. » (1)

(1) Saint Jérôme. *Vie de sainte Fabiola.*

Voici d'autres exemples :

En 161 (de J. C.), sous Marc-Aurèle, une femme chrétienne divorça d'avec son mari. Saint Justin, qui raconte le fait, ne le blâme pas.

En 312, Constantin obtint l'empire par le baptême. — « Il doit tout à la religion qui le couronne, remarque un écrivain français (1). Sa reconnaissance éclate en mille manières. Il fait convoquer le premier Concile général, abolit les spectacles des gladiateurs, renverse des temples, élève des églises, révoque les édits de ses prédécesseurs contre le célibat ; et ce prince qui semble associer l'Eglise à son trône, n'abroge pas le divorce, parce que l'E-glise n'en demande pas l'abrogation. »

Nous pourrions également citer (an 380), Théodose-le-Grand ce pénitent si soumis à St Ambroise, qui promulgue des lois pour le christianisme, et respecte le divorce.

Tout le monde connaît le fameux code de Justinien. Justinien était dévoué à l'Eglise.

(1) Henner, *Du Divorce*, 1789.

Il charge dix jurisconsultes chrétiens de refondre les lois civiles de l'empire romain (an 529). Le travail dure cinq ans. Abolit-on le divorce ? Non. Les auteurs du nouveau code s'attachent au contraire à le perfectionner. Ils expliquent soigneusement les causes qui pourront y donner ouverture : les mauvais traitements ; l'impuissance naturelle éprouvée pendant trois ans ; l'homicide, le larcin et les autres crimes ; la profession religieuse ; le vœu de chasteté ; l'absence pendant cinq ans au moins, sont autant de motifs permis à la femme contre le mari. On donne de plus, à ce dernier, celui de l'inconduite de son épouse.

Justin, successeur de Justinien (an 570), va plus loin. Il rétablit, parmi les causes légitimes du divorce, le consentement mutuel des époux :

« Il est arrivé, dit-il, que des époux ont at-
« tenté mutuellement à la vie de l'un et de l'au-
« tre, par le poison ou par d'autres moyens, sans
« que des enfants nés de leur mariage puis-
« sent les réconcilier ; nous statuons donc, par
« la présente loi, que la dissolution du mariage

« pourra, comme autrefois, se faire du consente-
« ment des parties ; car, si l'affection mutuelle
« fait les mariages, l'opposition des caractères
« doit les dissoudre. »

Faut-il maintenant, reproduire encore une
fois ici l'interminable liste des divorces accomplis du consentement des évêques et des
papes ? A quoi bon ? Le point important, le
seul que nous ayons à retenir, c'est que,
durant les dix premiers siècles de l'ère chrétienne, le divorce fut pratiqué en France.

Voici même une note extrêmement cu-
rieuse que nous fournit, à ce propos, le livre
publié par Henner : c'est le modèle des lettres
ou contrats que faisaient entre eux les
époux qui voulaient se séparer par le divorce. Le texte en a été conservé par le moine
Marculphe, dans son recueil de formules :

« Attendu, portaient ces lettres, que des
« causes certaines et prouvées donnent lieu
« au divorce entre le mari et la femme, et
« que ce n'est plus la charité chrétienne,
« mais la discorde qui règne entre les deux

« époux, ils ont cru devoir se séparer. A
« ces causes, ils sont convenus, par les pré-
« sentes lettres, que chacun d'eux pourrait,
« à sa volonté, passer soit dans un monas-
« tère, soit dans les liens d'un nouveau
« mariage. »

Du reste, la jurisprudence catholique n'a jamais été bien fixe à l'égard de l'indissolubilité du mariage. Les Conciles eux-mêmes ont été fort divisés sur la question.

En 314, le Concile d'Arles, composé de six cents évêques, n'ose se prononcer. Il se borne à *conseiller* aux époux dont les femmes ont été adultères, de ne pas se remarier à d'autres, *quoique les lo's* le leur permettent. — Saint Ambroise et saint Epiphane se prononcent en faveur du divorce ; saint Augustin contre, mais en reconnaissant que l'Ecriture-Sainte est obscure sur ce sujet.

Le Concile de Ganges, en 340, et celui de Milève, en 402, sont contraires au divorce.

Défendu par le Concile d'Angers, en 453, le divorce est nouveau permis, pour cause de fornication, et *selon l'Evangile*, par celui de Vannes, douze ans plus tard.

Le pape saint Grégoire II, dans une épître, mise par l'Eglise au nombre des Canons, permet à un mari, dont la femme était hors d'état de lui rendre le devoir conjugal, de se remarier à une autre.

Le Concile de Verberies, en 752, décide qu'un mari peut quitter sa femme, quand elle a conspiré contre sa vie, et en prendre une autre; et qu'une femme, dont le mari a commis un adultère, peut prendre un autre époux.

En 826, le Concile de Rome permet le divorce pour cause d'adultère.

Enfin, le pape Alexandre III, consulté par des prélats français, répondit que : « quoique « l'Eglise romaine ne fût pas dans l'usage de « dissoudre les mariages légitimes, si la coutume de les dissoudre existait en France, « elle *pourrait y être tolérée.* »

'Ainsi, dans l'Eglise même, le doute, l'hésitation, la tolérance tout au moins.

« Ce qui atteste, écrit à ce propos M. Emile de Girardin, que rien n'était moins certain et moins fixe que la jurisprudence ecclésiastique sur l'indissolubilité du mariage, c'est qu'en 1439 le Concile de Florence, assemblé pour l'extinction du schisme qui divisait l'Eglise romaine de l'Eglise grecque, décida que la diversité des opinions sur les objets de discipline, n'étaient pas un obstacle à la réunion, et que la Grèce pourrait conserver le divorce. »

Si la Grèce pouvait conserver le divorce ; si l'usage en a été maintenu en Belgique, pourquoi la France ne jouirait-elle pas des mêmes avantages ?

D'ailleurs, l'Italie elle-même, l'Italie *orthodoxe*, nous fournit des exemples tout récents du bon vouloir de l'Eglise en cette matière.

Sans vouloir grouper les faits nombreux qui sont à la connaissance de tout le monde, n'avons-nous pas vu de nos jours à Rome, sous le pontificat et le gouvernement de Pie IX, le mariage d'un juif rompu par le seul fait que ce juif s'était converti au catholicisme, et que sa femme entendait rester Juive? Quoique père de plusieurs enfants, le nouveau catholique fut autorisé à contracter une seconde union.

Et cependant, dans ce cas, on ne pouvait prétendre que le premier mariage fût irrégulier. Il n'existait contre lui aucune cause virtuelle d'annulation. Il avait été valablement contracté et l'épouse avait tous les droits possibles de se considérer comme *unie pour toujours*.

C'est bel et bien le divorce avec tous ses caractères.

L'Eglise moderne l'admet donc, le permet donc.

Elle fait mieux que l'admettre, elle le sanctionne.

III.

Mais la véritable question, pour nous, n'est pas là. Des législateurs soucieux de leur devoir, pénétrés de l'importance de leur mandat, ne sauraient, sans ébranler les assises de notre droit public nouveau, restreindre à ce point de vue étroit l'étude des problêmes sociaux qui leur sont soumis.

S'il fallait que les lois civiles s'accordassent avec les exigences parfois contradictoires des diverses religions qui se partagent les consciences, aucun code ne serait possible.

Nous n'avons donc point, pour asseoir les bases de notre législation, à rechercher l'avis des sectes religieuses.

Après tout, — et ceci vaut la peine d'être pris en considération, — qui obligerait les catholiques orthodoxes à faire usage de la loi civile pour rompre une union sanctionnée par l'Eglise, bénie par le prêtre et regardée par eux comme indissoluble ? Personne assurément. Ceux pour qui le mariage serait irrévocable ne demanderaient pas le divorce, voilà tout, et nul au monde n'y trouverait à redire. Mais il faut songer, lorsqu'il s'agit d'une loi d'ordre humain, que le catholicisme n'est pas la seule religion professée en France. Nous avons, à côté de nous, des protestants et des israélites ; nous avons des déistes purs, des adeptes du libre examen et de la libre pensée, qui ne peuvent être soumis, de par le code, aux prescriptions de l'Eglise de Rome. Ce que nous demandons, c'est la liberté pour tous. On ne peut imposer légitimement à des gens d'accepter les conséquences d'une doctrine religieuse dont ils recusent l'autorité morale. Que diraient les catholiques s'il prenait fantaisie, quelque jour, à nos modernes législateurs, de s'inspirer du Coran pour régler nos rapports sociaux ? Ils protesteraient et ils auraient raison.

Il est donc parfaitement entendu que chacun demeurerait libre de sa foi, maître de sa croyance. — Ne se serviraient du divorce que ceux auxquels ce régime conviendrait.

La Belgique est catholique, tout autant que la France pour le moins ; et cependant, ainsi que nous le rappellions tout-à-l'heure, notre ancienne loi sur le divorce y est en vigueur ; le clergé y marie sans opposition et sans scrupule des époux *divorcés*. Cela ne fait de difficulté pour personne. Voilà, il me semble, un argument d'une importance capitale.

Une dernière réflexion :

Est-on bien sûr que le mariage civil — aussi indissoluble, d'après la loi française actuellement en vigueur, que le mariage religieux — ne soit pas lui-même contraire à la loi de l'Eglise catholique, telle que la comprend et la définit l'autorité romaine ? C'est un point de vue qu'il serait bon d'examiner peut-être ; car enfin, s'il est établi que les catholiques de France, en se soumettant au mariage civil, *même suivi du mariage religieux*, violent la loi de l'Eglise ; s'il est avéré que leur conscience ne s'émeut pas d'une formalité contre laquelle proteste le pontife romain, pourquoi refuseraient-ils davantage d'inscrire le divorce dans la loi ?

Notez que l'introduction dans nos codes d'une réforme de cette nature, si grave qu'elle puisse paraître, n'aurait pas pour les catholiques les mêmes conséquences que

l'institution du mariage civil, par cette raison
évidente qu'ils sont *obligés* — quoique leur.
dise leur conscience — de subir la formalité civile du mariage, tandis que leur liberté
resterait entière à l'égard du divorce.

Eh bien ! nous pouvons en toute certitude
l'affirmer : le mariage civil, *même sanctifié
par la bénédiction du prêtre*, est considéré
par l'Eglise romaine comme une violation de
la loi religieuse, comme une atteinte grave
portée par la société moderne aux droits
imprescriptibles du Saint-Siége.

Je dis cela pour que les femmes qui se
préoccupent de mettre d'accord tous les actes
de leur vie avec les données de leur foi,
n'ignorent pas la situation qui déjà leur est
faite. Beaucoup, sans doute, sont loin de
soupçonner que la religion qu'elles profes-
sent n'admet pas l'intervention de l'Etat
dans la consécration des mariages.

Cependant, dira-t-on, l'Eglise les bénit ces
mariages ! Oui, elle les bénit, mais en pro-
testant.

Elle les bénit malgré elle, — comme elle

enterre les gens qu'elle sait notoirement n'avoir pas, avant de mourir, réclamé les secours spirituels de la religion.

Elle cède parce que c'est, pour elle, le seul moyen de conserver sa part d'influence dans le milieu social.

IV.

Mais c'est nous arrêter trop longtemps à ce côté spécial de la question. Qu'il me soit permis de fermer la parenthèse et d'aborder le vrai terrain de la discussion.

J'ai avancé que le divorce, au point de vue moral, était supérieur au régime de la séparation de corps. Je tiens à justifier cette assertion.

Voyons, en effet, quelle situation est faite, aux époux d'un côté, aux enfants de l'autre, par le système de la séparation.

Je m'occupe d'abord de la femme. Quoi de plus pénible, de plus équivoque surtout, que la position d'une femme jeune encore, et qui se voit, après quelques années de mariage, dans la dure nécessité de rentrer dans sa famille ou de vivre seule, en proie à toutes les douleurs et à tous les dangers de son isolement ? Elle peut être honnête, on la croira coupable. Par pruderie, ses anciennes amies se détourneront d'elle ; on la saluera peut-être encore, mais froidement : il ne faut pas se compromettre. Quel salon s'ouvrira devant elle ? N'est-elle pas déclassée ? n'est-elle pas perdue dans l'opinion ? Il se peut que les torts soient du côté de son mari ; mais le sait-on bien ? N'a-t-elle pas commis quelque faute demeurée inconnue ? A-t-on scruté sa vie, pénétré les secrets de son intérieur ? Est-il possible d'affirmer qu'elle soit irréprochable ? Et quand cela serait, ne devait-elle pas tout souffrir plutôt que d'aboutir à ce scandale ?

Quoi qu'elle fasse, le soupçon la poursuivra. Elle aura beau demeurer vertueuse, personne ne voudra croire l'honnêteté de sa vie.

« A son âge, dira-t-on (car c'est généralement au temps de la jeunesse que se font les séparations), à son âge, elle ne peut vivre sans affection ; la femme est faite pour aimer : — donc elle aime. »

Et soyez sûrs qu'alors les plus délicats témoignages de sympathie qui s'adresseront à son malheur seront interprétés contre elle. Il ne lui sera permis de voir ni de recevoir personne. Les consolations de l'amitié, si c'est un homme qui les apporte, ou lui seront suspectes ou lui demeureront interdites.

Mariée, elle pouvait recevoir à son aise la fine fleur des coureurs de filles ; — séparée, il lui est défendu de serrer la main d'un vieil ami !

Admettons, pour rester dans la réalité brutale de bien des existences, que cette vie d'abandon et d'isolement lui pèse, et qu'un jour, lasse de garder une vertu dont on lui refuse les mérites, elle se jette (cela s'est vu, et j'accepte l'hypothèse) dans les bras d'un amant. N'eût-il pas mieux valu la rendre, par le divorce, complètement libre d'elle-même ? Voilà une femme dont le mariage est rompu, mais non détruit ; elle ne peut contracter qu'une union criminelle. Ou il faut qu'elle se confine dans la retraite, ou il faut qu'elle soit adultère ! Il n'y a pas de milieu.

Et si elle est pauvre ? Si elle ne peut vivre sans soutien ? Si, dans ces circonstances, le hasard jette sur son passage un homme honnête qui n'eût pas mieux demandé que de l'épouser ? Faudra-t-il, parce que la loi s'oppose à cette union nouvelle, que la malheureuse repousse le secours providentiel qui lui arrive, et se réfugie dans le suicide? Vous la forcez à la mort ou au déshonneur, songez-y ! L'union qui s'offre à elle pouvait être honorable, en devenant légitime ; c'est par votre faute qu'elle reste une liaison honteuse !

Cette femme se fût mariée, — la loi la contraint à n'être que *concubinaire*.

Que dis-je ? Concubinaire n'est pas ici l'expression vraie.

Le mot juste, je l'ai écrit tout-à-l'heure :

— Cette femme, honnête hier, et qui n'eût demander qu'à rester vertueuse toute sa vie, devient ADULTÈRE !

On voit, maintenant, et sans qu'il soit besoin d'insister davantage, ce que peut être, dans ce cas, la situation d'un mari.

Le mariage n'étant point dissous, tous les inconvénients ·qu'il entraîne survivent.

Si la femme séparée reste honnête, c'est bien ; mais si la passion ou le besoin la poussent à contracter une liaison criminelle, elle peut porter le déshonneur dans la famille de l'homme qui lui a donné son nom. Car ce nom lui reste, ne l'oublions pas ! Elle peut le souiller, le couvrir de toutes les hontes, le traîner publiquement à travers les milles scandales d'une vie de débauche. Si les torts qui ont amené la séparation sont de son côté, si elle a été mauvaise épouse ou mauvaise mère ; si c'est une misérable, que cette femme, (nous voyons de ces créatures), eh bien, la voilà pour toujours en possession d'un nom honoré, respecté ... qu'elle vautre, elle, dans les orgies, et — qui sait? cela s'est vu encore, — qu'elle traînera un jour, peut-être, jusque sur les bancs de la police correctionnelle ou de la cour d'assises !

N'eût-il pas mieux valu que ce nom sans tache lui fût enlevé? Est-ce que la moralité publique gagne quelque chose à ce qu'une aventurière porte le désespoir dans le cœur d'un honnête homme et répande la honte sur toute une famille?

Le divorce, qui dissout le mariage et en détruit tous les effets, ferait disparaître ces dangers; la société, selon nous, ne pourrait qu'y gagner. Il n'est pas bon de laisser subsister de pareils vices dans une loi.

Quand deux époux sont séparés, ils ne doivent plus rien avoir de commun: — ni le nom ni la fortune.

Le grand défaut de la séparation de corps, c'est, en éloignant les époux l'un de l'autre, de laisser toutes les choses en état. L'homme et la femme séparés demeurent solidaires.

Il y a plus, l'homme reste armé de tous les droits du mari. L'épouse ne peut rien entreprendre sans son consentement; elle ne pourrait, seule, retirer dix francs de la caisse d'épargne. Si le mari refuse, elle est obligée de s'adresser à la justice, et cela, chaque fois qu'elle a besoin d'une autorisation, — c'est-à-dire pour les actes un peu importants de sa vie.

C'est tout simplement absurde.

Quand deux êtres en sont là, mieux vaut les rendre l'un et l'autre à la liberté. Chacun, du moins, porte seul alors la responsabilité de ses actes. Il n'y a plus de scandales publics, de compromis honteux ; il n'y a plus d'adultères *forcés*, presque excusables. La morale reprend tous ses droits.

V.

Il est certain qu'en général, l'homme a beaucoup moins à souffrir que la femme du régime de la séparation de corps. Toutes les femmes séparées ne commettent pas des crimes, toutes ne finissent pas au bagne, toutes ne déshonorent pas le nom qui leur est laissé.

D'ailleurs, le mari, auquel appartient toujours l'autorité, qui reste investi du droit de surveillance, et qui peut toujours, en cas d'adultère ou de soupçon d'adultère, faire pénétrer le commissaire de police dans le domicile *particulier* de sa femme, — le mari est, dans une très large mesure, protégé par la loi. Il jouit, avec cela, d'immunités fort rassurantes. Le domicile *commun* n'existant plus, il a le droit d'entretenir chez lui — je dis *chez lui* — une concubine, sans que sa femme ait la possibilité d'y mettre obstacle.

Oui, c'est à ce point! Libre de lui-même, le mari peut, sans le moindre inconvénient, sans craindre de voir jamais son repos troublé, faire *tout* ce que bon lui semble; il ne doit compte à personne de sa conduite. S'il a des maîtresses, c'est son droit; la loi ne l'atteint pas et personne n'y trouve à redire. Bien au contraire, on trouve cela naturel. Comment donc! un homme de trente-cinq ans!... de quarante ans!... Tout le monde l'amnistie! Là où sa femme serait montrée au doigt, il est félicité, lui. Mieux que cela, on le plaint. Peut-il se

confiner? Ne va t-il pas se faire ermite?
Il est bien assez malheureux déjà de n'a-
voir pu vivre avec sa femme. — Toutes les
indulgences, tous les pardons sont pour lui.
L'opinion publique est très coulante sur ce
chapitre-là.

Voilà pour le côté moral.

Ainsi, cette société, — la nôtre — qui
jette les hauts cris lorsqu'on ose parler de
rétablir le divorce, accepte volontiers qu'un
mari *séparé* vive avec des filles. On rougit
à la pensée qu'un homme pourrait épouser
l'une après l'autre deux femmes, et l'on ne
se révolte pas à l'idée qu'il en possédera simultanément plusieurs. C'est le comble de
l'inconséquence!

Est-ce parce qu'il s'agit de liaisons passagères? Mais ce n'est que plus révoltant!
Et puis, où les prendra-t-il ces maîtresses
que vous lui pardonnez d'avoir? Si c'est
dans le monde des courtisanes, vous n'a-
vez pas à flétrir la prostitution, car vous
consacrez son utilité sociale en lui attri-

buant un rôle fatalement nécessaire. Si c'est.... ailleurs, prenez-garde, madame, à votre fille ou à vous-même ! Ces sortes de consolations, l'homme les ira naturellement chercher où elles sont : au lupanar ou dans la famille.

Allons ! convenons que la séparation de corps est une cause inévitable de débauche. Un homme qui ne peut pas se marier (étant donnée la facilité avec laquelle on excuse ses *peccadilles*), — ou se vautrera dans la fange, ou corrompra, séduira tout au moins une femme demeurée jusqu'alors honnête.

De quelque façon qu'on envisage les choses, ce sera encore l'ADULTÈRE.

Seulement, cette fois, l'adultère sera double.

A côté de l'adultère de l'épouse, vous aurez celui du mari.

Quoi qu'on en pense et quoi qu'on en dise, l'un ne vaut pas mieux que l'autre, — celui-ci est aussi coupable que celui-là.

Je sais parfaitement ce qu'on objecte:
« La situation, dit-on, n'est pas la même pour
la femme que pour le mari. Il peut naître des enfants de la femme séparée, tandis
que l'homme... » — Eh! sans doute, répondrai-je, mais n'importe où ils naîtront,
ces enfants seront bâtards; le père, pas
plus que la mère, ne pourra les légitimer.

Si l'on veut y regarder de près, on re-
connaîtra bientôt que des deux côtés la situation est identique, puisque d'un côté
comme de l'autre les conséquences sont les
mêmes: bâtardise et abandon.

Du reste nous aurons à revenir sur ce
point particulier; la question des enfants ne
peut être écartée d'un pareil débat. Ce que,
jusqu'à présent, nous avons voulu clairement
établir, c'est que l'immoralité nous déborde,
c'est que la loi va contre le but qu'elle se
propose et qu'il est grand temps de remédier au mal.

Comment? on s'imagine qu'on imposera
de force le célibat à des gens qui n'en
veulent pas! Mais le code n'y pourra ja-

mais rien ! Une prétention pareille dépasse les bornes de la puérilité. Or, je le demande, que doit-on faire d'une loi que personne n'exécute, dont les prescriptions sont chaque jour ostensiblement violées, et qui, par dessus le marché, produit des résultats diamétralement opposés à ceux qu'elle pense atteindre ? La réponse est bien simple : il faut la réformer.

C'est justement ce que je veux.

A la place de la séparation de corps, mettez le divorce; tout change d'aspect. Vous n'avez plus le scandale de deux époux rivés l'un à l'autre comme deux galériens ; veufs et mariés tout à la fois; obligés, sous peine de débauche, de se garder mutuellement une fidélité qu'en bonne conscience ils ne se doivent plus ; vous avez deux êtres libres, dégagés de tout lien antérieur, aptes à constituer une famille. Car, de ce qu'un premier mariage n'a pas réussi, il n'en faut pas conclure que le second ne vaudrait pas mieux. Je pourrais citer l'exemple de deux ménages (deux enfers !) qui sont devenus deux paradis. Comment la chose s'est-elle faite? Mon Dieu! je suis fâché d'avoir à le dire : mais cela s'est fait *illégitimement*, comme je demande que cela puisse se faire *légitimement*, — par un *chassé-croisé*. Si le divorce eut existé, ces honnêtes gens — je puis garantir qu'ils sont honnêtes — eûssent eu recours à la loi; mais ne pouvant invoquer la protection du Code, ils s'en sont passés. Voilà bientôt quinze ans que cela dure. Les deux ménages vivent côte à côte, dans les meilleurs termes. Ceux qui n'ont pu s'entendre comme mari et femme, s'accordent à merveille comme voisins; la plus franche cordialité règne entre eux tous.

C'est immoral! criera-t-on, Sans doute, mais que puis-je faire à cela? Est-ce la faute de ces gens si la loi les a contraints à ce marché monstrueux? Ils n'eussent pas mieux demandé que d'avoir une position régulière. La loi qui proclame indissoluble leur première union est seule coupable; c'est elle qui s'oppose à ce que leur situation devienne respectable et respectée.

Je n'entends pas dire évidemment que le divorce serait une panacée universelle, et que du jour où nous l'aurions substitué au régime de la séparation, le concubinage, la corruption, la séduction disparaîtraient comme par enchantement de chez nous. Non. Mais il est certain que nos mœurs s'amélioreraient d'une manière sensible. Nous aurions encore, cela est évident, des liaisons illégitimes, mais nous les aurions en moins grand nombre ; en tout cas, beaucoup d'entre elles perdraient leur caractère adultérin, ce qui est à considérer.

Je suis d'ailleurs fermement convaincu que la plupart de ces liaisons deviendraient légitimes. Personne ne se plaît absolument dans l'équivoque.

Mais je veux être de bonne composition, je veux considérer que tout se passerait comme aujourd'hui. Eh bien ! j'aurais encore à dire ceci : Si l'immoralité se perpétue, au moins la loi n'en sera pas complice ! N'est-ce donc rien que de pouvoir justifier de tout reproche la législation de son pays ? N'est-ce donc rien

que de penser qu'on ne favorise pas le vice,
qu'on n'autorise pas la débauche?

Vous le voyez, de quelque façon qu'on
examine la question, on arrive à cette conclusion inévitable: — *Il faut réformer la loi.*

Ce n'est pas seulement une affaire de sens
commun, — c'est une question de décence et
de moralité publique.

Le divorce est plus moral que la séparation.

Tout est là.

VI.

Nous arrivons à l'objection capitale, dernier retranchement de nos adversaires: — *l'intérêt des enfants.*

C'est le point délicat, comme on sait, le
nœud gordien du problème, l'argument répu-
té sans réplique.

Eh bien, parlons-en!

Il me tarde, pour mon compte, depuis très-
longtemps déjà, de me trouver en face de
cette grosse difficulté, de cet obstacle pro-

clamé insurmontable, et je ne demande pas
mieux que d'examiner de près les choses.

Mais avant d'aborder le fond même de la
question, on voudra bien me permettre de réduire l'objection à ses justes proportions.

Est-ce que toutes les femmes séparées ont
des enfants ? Est-ce que l'argument peut être
invoqué invariablement dans tous les cas ?

Evidemment non.

Or, s'il est vrai — et je crois l'avoir établi :

Que le dogme catholique ne s'oppose pas
absolument au rétablissement du divorce (cela
dit pour ceux qui tiennent au dogme catholique) ;

Que le divorce est plus moral, et par conséquent plus *religieux*, que la séparation de
corps ;

Que les époux séparés gagneraient en considération s'ils pouvaient se remarier ;

On sera forcé de reconnaître avec moi que,
— dans certains cas au moins, — la faculté
de recourir au divorce peut être inscrite dans
la loi.

Mais, dira-t-on, vous allez créer une exception ?

Quand cela serait? Est-ce que la loi actuelle, la loi existante, ne prévoit pas, dans bon nombre de ses dispositions, les cas particuliers qui peuvent se présenter? Voyez, par exemple, dans le code civil, le *Titre du mariage*, celui-là même qui vous semble si parfait, vous y lirez une foule de restrictions aux principes généraux.

Ainsi, l'article 144 porte :

« L'homme avant dix-huit ans révolus, la femme avant quinze ans révolus, ne peuvent contracter mariage. »

Mais l'article 145 ajoute :

« Néanmoins il est loisible au roi d'accorder des dispenses d'âges pour motifs graves. »

Plus loin, on lit :

Art. 163. — « Le mariage est prohibé entre l'oncle et la nièce, la tante et le neveu. »

Ce qui n'empêche pas l'article 164 de stipuler :

« Néanmoins il est loisible au roi de

lever, pour des causes graves, les prohibitions portées au précédent article. »

Si l'on veut un exemple plus récent, je citerai la nouvelle loi sur la réorganisation de l'armée. Il y a là une quantité innombrable de dérogations au principe fondamental qui impose à tous l'obligation du service personnel. Pourquoi donc, dans l'ordre civil, ne procèderait-on pas de la même façon? Comment, vous interdiriez le divorce à ceux qui pourraient y recourir sans inconvénient, avec avantage même, parce que, à côté d'eux se trouveraient des gens qui ne pourraient en user avec la même facilité? Non seulement ce serait absurde, mais ce serait injuste.

Donc, pour tous ceux que n'arrête pas l'objection tirée de la prohibition religieuse (comme M. Legouvé, que l'on doit se féliciter de rencontrer sur le terrain), et pour tous ceux dont mes précédentes observations ont pu ébranler la conviction, il est au moins UN cas pour lequel le divorce peut être inscrit dans le code français : celui où les époux qui se séparent n'ont pas d'enfants.

Cela dit, je passe.

Nous voilà en présence du dernier obstacle.

Je voudrais qu'on s'expliquât clairement. Quand on objecte, en trois mots, l'intérêt des enfants, de quels enfants parle-t-on ? De ceux qui sont nés ou de ceux qui naîtront ? Généralement, on se préoccupe fort peu de ces derniers ; il en faudrait pourtant parler. Car enfin, ils comptent ; ils sont un des éléments de problême.

Pour ne pas obscurcir le débat, nous allons procéder par ordre, et ne songer d'abord qu'aux enfants *nés* au moment de la séparation.

La première question qui se pose, est celle-ci : — « Qu'en fera-t-on ? »

Je pourrais répondre qu'on en fera ce qu'on en fait maintenant et déclarer, sans plus ample explication, que cela suffit.

Est-ce que, de bonne foi, le régime de la séparation de corps tranche la difficulté ? Le divorce ne la tranchera pas davantage, je le veux bien, mais il ne l'aggravera pas non plus. L'argument n'a donc aucune force. Il est, comme tous les arguments que l'on répète sans les étudier de près, un pur sophisme.

Je comprends cependant qu'une réponse aussi brèvement formulée ne soit pas de nature à satisfaire tout le monde.

Précisons :

Qu'il y ait divorce (c'est-à-dire rupture du mariage) ou simplement séparation de corps, les époux n'en vivent pas moins éloignés l'un de l'autre. Dans les deux cas, il y a lieu de procéder à l'attribution des enfants, soit qu'on les donne à un seul des époux, soit qu'on les partage entre eux.

Eh bien, je dis ceci :

Le divorce étant prononcé, la situation des enfants sera, jusqu'à ce qu'on ait trouvé une solution meilleure (ce qui n'est pas impossible) ce qu'elle est aujourd'hui : c'est-à-dire que le juge la fixera.

Je voudrais bien que le juge n'intervînt

jamais dans ces sortes d'affaires ; mais, transitoirement, j'y souscris.

Donc, le juge fera ce qu'il fait actuellement : il procèdera à l'égard des époux divorcés comme il procède à l'égard des époux séparés.

Et voyez l'avantage pour les enfants !

Au lieu de se trouver en face d'un père et d'une mère, forcément placés dans une position équivoque, ils se trouveront en présence de parents dont la situation sera très-nette.

Etant bien définie, cette situation sera honorable ; elle commandera le même respect que le veuvage.

Une veuve peut, sans danger pour sa réputation, recevoir l'hommage de prétendants nouveaux ; il en sera de même pour la femme divorcée. Sa conduite cessera d'être suspecte.

Croit-on que des enfants n'ont pas à souffrir des soupçons qui atteignent leur mère?..

Et si le soupçon frappe juste, si la malheureuse femme, par affection, par amour — ou, hélas ! par impuissance de vivre sans soutien — a contracté clandestinement une union illégitime, songe-t-on à ce qui peut arriver ?

Il arrivera de deux choses l'une : ou que les enfants se démoraliseront ou qu'ils mépriseront leur mère. Et c'est dans leur *intérêt* qu'on crée pour eux cette cruelle alternative !

S'agit-il du père ? La situation ne sera pas sensiblement modifiée. Soit qu'il vive maritalement avec sa concubine, soit qu'il entretienne au dehors une maîtresse, son autorité morale sera nécessairement fort amoindrie. Qui oserait dire que le respect qui lui est dû ne recevra aucune atteinte ? Sa fille rougira de lui, son fils en plaisantera et... l'imitera le plus tôt possible.

Oh ! la honteuse chose que cette vie ! On nous accuse de dissoudre la famille ; mais c'est la loi de séparation qui la détruit ! Elle la détruit, puisqu'elle la démoralise. — Nous, nous voulons la fortifier !

L'enfant qui suit son père ou sa mère remariés, entre au moins dans un milieu honnête. Il est dans le cas de l'enfant orphelin de père ou de mère. Au lieu de cela, vous tous, ô nos pieux adversaires! qui no tenez compte que de vos préventions, de vos préjugés, vous le jetez imprudemment dans l'atmosphère viciée des liaisons honteuses; vous l'y exposez au moins, et, pour moi, cela suffit.

Je ne veux pas qu'une fille ait à connaître les scandales d'une existence flétrie; je ne veux pas qu'un fils ait à rougir de sa mère calomniée ou véritablement déchue!

Et cependant, cela est presque inévitable!

« Sur quinze époux séparés, dit M. Le-
« gouvé, il y en a dix qui s'organisent en
« mariage irrégulier. En général, les mères
« cachent leur faute; en général aussi, les
« pères ne la cachent pas, ou ne la cachent
« pas longtemps. L'ennui d'une gêne conti-
« nue, le manque de principes, l'habitude de
« cette vie irrégulière qui leur ôte le senti-
« ment de son irrégularité, font que peu à
« peu ils initient leurs fils au secret de leur

« concubinage, ils l'introduisent chez leur maî-
« tresse, quelquefois même ils installent cette
« maîtresse dans leur propre maison et lui
« donnent le rang de femme. »

VII.

Si quelqu'un proposait sérieusement à des
législateurs d'autoriser la bigamie en France,
le sentiment public s'élèverait avec indignation contre une aberration pareille. On crie-
rait au scandale, à l'immoralité, à la honte ;
et j'avoue que l'on n'aurait pas tort.

Pourtant, — en ce moment je m'adresse aux
femmes honnêtes, — de quel nom, mesdames,
désignerez-vous l'état irrégulier de ces époux séparés qui, du vivant l'un de l'autre (et cela, dans la proportion de dix sur quinze, M.
Legouvé vous l'a dit), s'organisent en mariage libre ? Ne sont-ils pas bigames ?

— Sans doute ! répondrez-vous, mais la loi
n'y a pas passé.

Il vaudrait mieux qu'elle y eût passé.

Et de fait, c'est elle qui, par ses scrupules, oblige une foule de gens très moraux au fond et de conscience très pure, à rouler dans cet abîme.

Si, au lieu de laisser subsister le premier mariage, votre loi l'eût sagement dissous, cette seconde union n'aurait pas le caractère qui vous révolte.

C'est le triste régime de l'indissolubilité qui crée, chez nous, les huit dixièmes des cas de bigamie.

Ainsi, l'adultère, le concubinage (public ou clandestin), la procréation d'un nombre incalculable d'enfants sans état civil régulier, et dont beaucoup sont abandonnés ou meurent prématurément faute de soins, — voilà les fruits les plus clairs de ce biais honteux qu'on appelle la séparation de corps.

Et les enfants (ceux qu'on élève) vivent, respirent, grandissent dans cette fange; ils voient *cela* de près !

Je déclare, pour ce qui me concerne, comprendre leur « intérêt » d'une tout autre façon.

Mais ce n'est pas tout.

S'est-on rendu compte de la situation atroce que l'on crée à ces petits êtres, lorsque les époux se les disputent! S'ils sont jeunes, la belle éducation qu'ils reçoivent là! S'ils sont en âge de comprendre, je vous laisse à penser ce qu'ils doivent souffrir.

Le père, qui ne veut pas avoir tort, jure ses grands dieux qu'il n'eût pas mieux demandé que de vivre tranquillement en famille, qu'il a tout fait pour cela, qu'aucune concession ne lui eût coûté, mais que sa femme, caractère inflexible, n'a rien voulu entendre; la mère, de son côté, soutient que c'est le père qui, par son inconduite, a rendu la rupture inévitable. Voilà les malheureux ballotés entre deux accusations contraires. Il résulte bientôt de tout cela que, ne sachant au juste à quoi s'en tenir, les enfants éprouvent pour les deux auteurs de leurs jours, un égal sentiment de répulsion et de dédain.

Je reconnais cependant que la lumière peut quelquefois être faite sur les causes véritables de la brouille. Il ne s'en suit pas que le sort des enfants se trouve, par le seul fait de cette contestation de la vérité, sensiblement amélioré.

La loi a disposé d'eux : ils ont été confiés à celui des époux que l'on a considéré comme le plus digne et le plus capable de les bien élever. Mais le juge a-t-il tenu compte de leurs préférences, de leurs affections particulières ? Il ne le pouvait pas.

C'est le grand danger de l'immixtion des tribunaux dans ces sortes d'affaires ; et voilà pourquoi je considère comme indispensable de réduire le plus possible l'intervention des juges. Sans doute je l'ai provisoirement acceptée et l'on peut m'objecter que la critique que j'en ai faite, quand il s'agit des séparations de corps, se retourne contre moi si je l'applique au divorce.

Eh ! oui, elle a des inconvénients si on l'applique au divorce ! Mais on ne pourra pas accuser le divorce d'ajouter quoique ce soit aux inconvénients déjà existants. Tout au contraire, avec le divorce, le danger est moindre.

Pourquoi, la plupart du temps, les époux séparés se calomnient-ils réciproquement le plus qu'ils peuvent? Parce que, séparés désormais pour toujours, ils n'en demeurent pas moins, l'un pour l'autre, un embarras, un obstacle, une gêne perpétuelle. Cela contribue beaucoup à entretenir la haine dans les cœurs. Ils se détestent d'autant plus profondément, qu'ils sont plus étroitement rivés l'un à l'autre. Rendez-leur la liberté; faites que, *divorcés*, ils ne se doivent plus rien ; vous verrez qu'ils oublieront bien vite leurs griefs d'autrefois. Rien ne dispose à l'indulgence comme le contentement parfait. Que les époux, en se quittant, se sentent tout à fait indépeñdants l'un de l'autre, ils ne tarderont pas, le plus souvent, à se tendre la main.

Et les enfants seront beaucoup moins exposés aux tiraillements dont je parlais tout à l'heure.

Mais la séparation n'est pas toujours motivée par des faits graves; elle est quelquefois le résultat d'une simple incompatibilité d'humeur. Le cas même est fréquent. Beaucoup

d'époux sont séparés, les uns judiciairement,
les autres amiablement, par l'unique raison
que la vie en commun leur était devenue insupportable et que de fréquentes querelles conjugales rendaient toute cohabitation impossible.

Quand cela est ainsi, quand il n'y a aucune raison pour donner tort à l'un des époux
plutôt qu'à l'autre; quand, en réalité, ils sont
tous deux estimables et dignes du même respect et de la même affection, la situation des
enfants devient extrêmement pénible; ils ont
énormément à souffrir.

La haine est entre le père et la mère. Mais
aucune faute grave ne pouvant être mise sur
le compte de l'un ou de l'autre, et le dissentiment ne venant, ainsi que nous l'avons dit,
que d'une incompatibilité absolue d'humeur,
on rendrait facilement la paix à tout ce monde
en permettant au mari d'un côté et à la femme de l'autre, de contracter des unions mieux
assorties. La loi s'y opposant, les caractères
continuent de s'aigrir, et ce sont les pauvres
enfants qui supportent les conséquences de

notre aveuglement : ils sont le terrain sur lequel se livrent les plus grandes batailles.

C'est à qui, du père ou de la mère, les attirera ; c'est à qui les arrachera aux caresses de l'*autre*, puisque l'*autre* est l'ennemi. Mais c'est un enfer, que cette vie-là ? Et l'on nous parle de l'intérêt des enfants ! Comment le voit-on ? De quelle façon le comprend-on ? Pauvres enfants, que toutes ces divisions déchirent, que ces haines désespèrent ! S'ils ont un cœur, sachez-le, ce cœur saigne. Vous en faites des martyrs !

Cependant, le côté le plus douloureux du régime de la séparation de corps n'est pas encore là. Il me reste à soulever une question grave à laquelle on ne pense guère, à moins peut-être — et je crains fort d'avoir raison — qu'on ne l'ait écartée de parti pris.

VIII.

Je n'ai parlé, jusqu'à présent, que des enfants *nés* au moment de la séparation, des enfants reconnus par la loi.

Mais les autres ?

Les autres ! me dira-t-on, est-ce que cela nous regarde ?

Oui, législateurs, cela vous regarde. Quand la société promulgue une loi, elle a pour devoir impérieux de tenir compte de toutes les conséquences, bonnes ou mauvaises, qui peuvent en résulter :

Or, la loi de séparation — préférée chez nous au divorce — donne lieu chaque année à un nombre considérable de naissances illégitimes. Et ce ne sont pas simplement des *bâtards* qui naissent, ce sont des enfants *adultérins*, c'est-à-dire des enfants qui ne peuvent être reconnus en aucun temps.

Ils reçoivent cette flétrissure, qui sera le désespoir de toute leur vie, d'être inscrits sur les registres de l'état civil comme étant les fruits honteux de la débauche ! Et si les deux auteurs de leurs tristes jours sont l'un et l'autre des *séparés* (ce qui est fréquent, hélas !) en regard du nom quelconque qu'on daignera leur octroyer, les déclarants feront accoler cette mention douloureuse : *né de père et mère in-*

connus!... Ils apprennent ainsi qu'ils doivent mépriser leur mère et détester leur père.

Est-ce que ces enfants, qui, pour la plupart, seraient légitimes si votre loi l'avait permis, n'ont pas droit à votre sollicitude? Est-ce bien leur *intérêt* qu'on a sauvegardé? Sans l'inflexibilité de notre Code, l'union des deux êtres auxquels ils doivent le jour eût été régulière. Ils marcheraient le front haut; ils pourraient honorer leur père et respecter leur mère. C'est la société, avec ses prétendus principes moraux, qui en a fait des bâtards! Voilà vraiment la morale publique et l'intérêt de toute une catégorie d'enfants singulièrement protégés!

La morale? Notre loi l'outrage.

L'intérêt des enfants? Elle le méconnaît.

La religion elle-même, dont on a si grand souci, dont on invoque si haut les préceptes, est indignement foulée aux pieds.

Je vous demande ce qu'il reste, après cela, des arguments qu'on oppose au rétablissement du divorce.

Ah! je sais bien l'objection qu'on fait encore.

On dit, on m'a dit à moi-même : — « Mais les enfants dont vous parlez ne m'intéressent en aucune façon. Je ne les connais pas; je ne veux pas les connaître! »

— Et pourquoi? je vous prie. De quel crime sont-ils coupables, ces petits êtres? Que leur reprochez-vous? Qu'ont-ils fait pour mériter votre mépris?

— Ils sont les fruits du plus honteux concubinage.

— Est-ce leur faute?... Comment, vous les frapperiez, vous les condamneriez à la honte, à la misère, à l'abandon, à toutes les souffrances, pour le crime de leur père et la faiblesse de leur mère? Y songez-vous?...

Sottement, bêtement, nous avons fait de la bâtardise une tache. Et pour qui? Pour les parents concubinaires?— Non, pour l'enfant.

Mais, c'est la chose la plus insensée qui se puisse rêver! l'iniquité la plus monstrueuse que des législateurs aient jamais sanctionnée!

Le sort des enfants naturels doit nous préoccuper, nous intéresser au même titre que le sort des enfants nés selon la loi, — voilà ce qu'exige la justice.

D'ailleurs qu'est ce que cela veut dire : naître *suivant la loi*, ou naître *contrairement à la loi?* L'enfant qu'une femme conçoit a-t-il réglé librement et d'avance les conditions de son entrée dans le monde? Est-ce lui qui a conseillé à ses auteurs leur rapprochement *illicite?*

Tous les enfants naissent conformément à la nature. S'il y en a qui naissent *contrairement à la loi*, c'est que la loi est mal faite, et il faut se dépêcher de la réformer. La loi, pour être juste — j'ajouterai pour être morale — doit protéger toutes les naissances. C'est nous qui établissons les distinctions arbitraires d'où découlent ensuite les plus douloureux antagonismes.

« Le droit naturel, dit M. Tissot (1), ne connaît pas la distinction des enfants légitimes et des enfants naturels.... Tous les en-

(1) *Le Mariage, la Séparation et le Divorce.*

fants sont légitimes, par cela seul qu'ils sont naturels. Il n'y a donc en droit naturel ni bâtards, ni incestueux, ni adultérins ; ou si l'on admet cette distinction par rapport aux parents, il n'y a pas la moindre raison d'en faire souffrir les enfants, de rendre leur condition pire..... »

Donc, de par la loi civile (en opposition avec la loi naturelle), nous reconnaissons deux catégories d'enfants : les uns qui sont légitimes, les autres qui ne le sont pas ; les uns qu'on doit protéger, les autres qu'il faut sacrifier. Mais le père, s'il a du cœur, aime les derniers tout autant que les premiers. C'est assez... *naturel*, n'est-ce pas ? Si la loi commande aux situations, elle ne commande pas aux sentiments, ce qui est fort heureux. Donc le père, s'il a du cœur, aime ses bâtards ; il ne veut pas les frustrer tout-à-fait de leur part d'héritage. Que fait-il alors ? N'ayant pas le droit de les appeler au partage régulier de ses biens, sachant que la loi les exclut comme *indignes*, il les favorise le plus qu'il peut par une foule de subterfuges, au risque de susciter entre eux et leurs frères *dits* légitimes, des jalousies qui dégénèrent le plus souvent en haines. Cela c'est vu, et cela se voit. Je pourrais citer de nombreux exemples.

Est-ce là, encore, de *l'intérêt* bien entendu ? Créer l'hostilité où devrait régner la paix ; faire du foyer domestique un champ de luttes perpétuelles ; diviser, briser, disperser la famille !... voilà pourtant ce qu'on fait !

Voyons donc, une fois pour toutes, les choses comme elles sont, et ne nous laissons plus abuser par les mots.

Il naît, en France, par an, en moyenne, 70,000 enfants naturels. Je ne veux pas dire que tous soient issus d'individus *séparés*. Non, Mais le chiffre auquel s'élève leur nombre est certainement considérable. La statistique est impuissante à nous le donner d'une façon précise, puisque la loi s'y oppose ; mais voici un document officiel qui pourra nous éclairer :

En 1860, sur 69,207 enfants naturels, 27,158

seulement ont été reconnus ; c'est donc un total de 49,049 enfants dont la situation des parents rendait toute reconnaissance impossible : — 49,049 sur 60,207, presque les deux tiers ! Tirez la conclusion.

Voulez-vous maintenant savoir ce que deviennent ces 49,000 enfants qui n'ont ni père ni mère, et qui, tous les ans, viennent grossir le chiffre de la population fatalement vouée au crime ? Un grand nombre meurent en bas-âge, faute de soins ; ce ne sont pas les plus à plaindre. Le reste, sauf de rares exceptions, va peupler les prisons et les bagnes.

Il serait en vérité fort désirable que ceux qui s'obstinent, pour repousser le divorce et lui préférer la séparation, à nous jeter à la face leur grand et simpiternel argument: *Les enfants ! les enfants?* voulussent bien prendre la peine d'interroger les malheureux dont je parle. J'imagine fort que leur opinion ne tarderait pas à être ébranlée.

Et pour convaincre du même coup les gens

pour qui les bâtards ne comptent pas — ou comptent si peu qu'ils ne valent pas la peine qu'on s'y arrête, — j'invoque en même temps le témoignage des enfants légitimes, de ceux qui, nés ou conçus *conformément* à la loi, c'est-à-dire avant la séparation, ont absorbé à leur profit toute la sollicitude du législateur. Oui, que l'on consulte également ceux-là, et quand on les aura entendus, quand ils auront révélé toutes leurs douleurs, toutes leurs souffrances cachées, on pourra peut-être se prononcer en connaissance de cause. Il faut avoir vécu de leur triste vie, pour savoir si leur intérêt a été sagement compris, vraiment sauvegardé, et s'ils sont satisfaits de la position que leur a faite le Code.

D'ailleurs, disons-nous bien une chose : Quand deux époux se séparent, quelle que soit la cause qui les pousse à cette détermination, le trouble existe, tout le mal est fait. C'est ce qui a fait dire à M. Odilon Barrot, dans son remarquable Rapport sur cette question : (1) « L'intérêt des enfants est compromis dès

(1) Voir à l'*Appendice* le texte entier de ce rapport.

que le désordre existe : leur intérêt moral par les mauvais exemples qu'ils reçoivent, leur intérêt de fortune par la dissipation que le dérèglement entraîne d'ordinaire après lui. »

IX.

J'allais oublier une dernière objection.

« Prenez garde ! — disent les plus entêtés de nos contradicteurs ; — avec votre système, alors même que les inconvénients qu'on lui reproche seraient purement imaginaires, il est au moins un fait contre lequel vous ne pouvez vous inscrire en faux, puisqu'il est de l'essence même du divorce : nous voulons parler de la dispersion de la famille. L'homme et la femme s'en vont chacun de son côté, désormais et pour toujours étrangers l'un à l'autre ; les enfants, qu'ils aient suivi les préférences de leur cœur ou que la loi ait prononcé sur leur sort, se trouvent inévitablement éloignés, soit du père, soit de la mère, et peut-être même (chose plus grave !) divisés en deux camps.... Il n'y a plus, comme sous le régime de la séparation, espoir de rapprochement, possibilité de retour. La famille est brisée, dispersée ; vous ne pouvez réparer ce malheur. »

Je réponds :

Si le divorce disperse la famille, il ne la déshonore pas ; c'est bien déjà quelque chose.

Mais la disperse-t-il en réalité ?

Pas toujours. Les époux divorcés, rendus à l'entière disposition de leur personne, n'ont plus les mêmes raisons de se haïr que s'ils restent, l'un pour l'autre, un obstacle éternel. Le soulagement qu'ils éprouvent leur rend possible une foule de concessions. Ils sont d'autant plus disposés à la bienveillance réciproque, qu'ils se sentent dégagés, et que cette bienveillance ne coûte plus rien à leur dignité. Dès lors, toute irritation cesse ; l'animosité n'a plus d'aliment, plus de cause, et les dissentiments s'effacent. L'enfant peut aller de l'un à l'autre sans inconvénient, sans scrupule et sans que la jalousie ait le moindre prétexte de se manifester. Ce que je dis là est basé sur l'expérience. Je pourrais citer de nombreux cas de cette harmonie. On me nommait entre autres, il y a peu de mois, deux époux divorcés à Bruxelles, et qui, — remariés l'un et l'autre, — se rencontrent chez des amis communs et se voient avec plaisir. Au ressentiment d'autrefois a succédé l'estime mutuelle.

Un médecin Polonais (car il faut vous dire qu'en Pologne, pays catholique comme la Belgique, le divorce est très-bien accepté par le clergé), me signalait lui-même, à propos de je ne sais plus quel scandale judiciaire, une foule de faits du même genre. Les enfants des époux divorcés voient, en général, leur père et leur mère librement, à leur aise, sans contrainte, et les aiment d'une affection égale. Ils les aiment d'autant mieux, qu'ils peuvent les regarder sans honte. C'est beaucoup, il me semble. Le régime de la séparation ne produit pas de ces résultats.

M Henry d Ideville, dans l'article du *Soir*

qui a provoqué la brochure de M. Dumas
fils : *L'Homme-Femme,* et donné lieu à l'ar-
dente polémique qui, l'an dernier, a préoc-
cupé si vivement l'opinion publique, —
M. Henry d'Ideville raconte lui-même ce qui
suit :

« Je me souviens avoir vu dans un salon de
« Dresde, à la même table de whist, une des
« femmes les plus honorables de la ville, as-
« sise entre ses deux maris. L'un d'eux, le se-
« cond en date, était un des premiers magis-
« trats du royaume ; l'autre un vaillant mili-
« taire. La dame en question, fort occupée de
« son jeu, distribuait les cartes à ses deux
« partners avec une tranquillité d'âme qui ré-
« flétait bien le calme de sa conscience.

« Quant aux deux graves maris allemands,
« que le même bonheur et le hasard avait
« réunis, ils relevaient leur jeu avec une sé-
« rénité parfaite. Les mœurs du pays enle-
« vaient à cette scène tout caractère ridicule
« ou odieux.

« En regardant ces trois personnages, dont

« la situation réciproque me paraissait, à moi
« Français, si bizarre, et aux Saxons si natu-
« relle, je ne pus m'empêcher de songer qu'en
« France, le hasard malin doit amener égale-
« ment plus d'une fois à la même table, la
« femme, l'autre et le mari.

« — La seule différence, entre les deux ta-
« bles, c'est qu'à Dresde, c'est une table légi-
« time, consacrée par la loi, tandis qu'à Pa-
« ris elle est de pure convention, et tolérée
« d'un accord tacite. Mais, au fond, en quoi
« diffère-t-elle ? »

En quoi diffère-t-elle ? demande M. d'Ideville. Elle diffère en plus d'un point. En ceci, d'abord : qu'en France, lorsque ces rencon-
tres ont lieu, elles se produisent entre un mari
et un amant ; c'est l'amour légitime et l'amour
clandestin qui se coudoient ; le mariage, l'u-
nion légale, l'union bénie, fait vis-à-vis à l'a-
dultère. De plus, la femme française qui se
trouve dans cette situation, appartient *simultanément* à deux hommes, tandis qu'à
Dresde, la femme allemande a *légitime-*

ment et *successivement* épousé ses deux maris.

De quel côté, Mesdames, est la moralité? Lequel des deux pays, — la France ou l'Allemagne, — témoigne le plus de respect pour la sainteté, pour la dignité du mariage ?

Ce qui répugne, chez nous, c'est l'idée qu'on épousera un second mari du vivant du premier, et que les deux maris pourront quelque jour se rencontrer.... Est-ce donc plus monstrueux que d'avoir *tout à la fois* et en face l'un de l'autre, le mari et l'amant?

Ah ! nos mœurs !...

C'est chose incontestable qu'il y a, de par le monde, quantité de femmes énormément scrupuleuses, qui, de bonne foi, se voilent la face et rougissent jusqu'aux deux oreilles, à la seule pensée qu'elles pourraient épouser successivement deux maris, tous deux vivants, mais qui ne craignent pas d'introduire chez elles, au nez et à la barbe de l'époux légiti · me, celui que M. d'Ideville appelle pudiquement l'*Autre*, et dont il laisse volontiers deviner la situation particulière. C'est accepté.

J'en tire cette conclusion, que ce n'est pas du tout l'odieux de la situation qui nous fait repousser le divorce. La vraie cause est dans le préjugé.

Mais je m'écarte du point en discussion. Il s'agissait de savoir si le divorce a pour effet de diviser la famille ; je crois avoir répondu.

Le régime de la séparation entretient les haines ; le divorce les fait oublier. — Voilà ce que démontre l'expérience.

Loin d'y perdre, les enfants ne font que gagner à ce système ; leur sort est meilleur. Il est meilleur par cela même que la position de leurs parents est plus honorable. Les frères qui leur surviennent, sont, comme eux, légitimes. Point de bâtards ni d'adultérins. Le lien familial est resserré.

En définitive, quelle différence sensible prétend-on établir entre la situation faite aux enfants par la séparation de corps et celle qui résulterait pour eux du divorce ?

Dans les deux cas le lien conjugal est brisé, les parents vivent éloignés l'un de l'autre, et ils y vivent jusqu'à la mort. On a peu d'exemples de rapprochements. Je ne vois pas que le divorce — malgré ses incontestables inconvénients — aggrave le moins du monde la situation. L'objection tirée de l'intérêt des enfants ne peut donc pas être invoquée comme argument sérieux; elle est sans valeur. Je n'y ai, pour ma part, tant insisté, que parce qu'on y attache de l'importance.

C'est un lieu-commun, pas autre chose.

On n'a jamais pu dire en quoi et comment l'intérêt des enfants serait compromis par le divorce. Quelques généralités du genre de celles que j'ai tout-à-l'heure énumérées, et c'est tout. Quelqu'un cependant a tenu, un jour, devant moi, l'étrange raisonnement que voici:

« Sous l'empire de la législation actuelle,
« les enfants *qui naissent après la sépara-*
« *tion ne* POUVANT *être ni légitimés ni recon-*
« *nus,* ne diminuent pas la part d'héritage
« due aux enfants légitimes, tandis qu'avec
« le divorce, si un second mariage survient,

« les enfants issus de ce second mariage ont
« droit à la succession, et portent ainsi pré-
« judice aux intérêts des premiers-nés. »

J'ai répondu :

« — A ce compte, monsieur, il faut interdire aux veufs de se remarier, parce qu'ils
peuvent avoir des enfants du second lit
qui feront tort à ceux du premier. Je vais
plus loin et je vous dis : Dans le cas où
les époux séparés eussent continué de vivre
ensemble, êtes-vous sûr qu'il ne serait pas
survenu d'autres enfants ? Ceux-là portent
aussi préjudice aux intérêts des *premiers nés*.
Dites tout de suite, car c'est à cette conséquence que vous aboutissez, dites tout de
suite que l'héritage appartient de droit, tout
entier, aux premiers nés, ou plutôt, pour
être logique avec votre principe, revenez-en
au droit d'aînesse. »

Naturellement mon contradicteur a gardé
le silence.

Et c'est ainsi que s'évanouissent toutes les
objections.

Je le répète, il n'y pas contre le divorce d'argument qui tienne devant un instant de réflexion.

Pas plus au point de vue religieux qu'au point de vue purement moral ; pas plus en invoquant l'intérêt des époux, qu'en mettant en jeu l'intérêt des enfants, on ne donne de raison qui vaille.

Le divorce existe en Belgique et en Pologne, pays catholiques ; il a existé en France : — voilà pour l'objection religieuse.

L'intérêt bien entendu des parents et des enfants en exige le prompt rétablissement : — voilà pour le côté matériel.

Que reste-t-il dès lors contre lui ? — Rien, en vérité.

Convenons-en : c'est le préjugé seul qui nous fait hésiter encore.

Mais le préjugé disparaîtra, — comme ont disparu tant d'erreurs, tant de malentendus, tant de préventions réputées invincibles, dont le sentiment public a pourtant fini par avoir raison.

X.

Est-ce à dire maintenant que nous devions considérer le divorce comme un *désiratum* suprême?

Non; l'idéal, c'est l'indissolubilité du mariage. Deux êtres qui s'unissent ne le font pas en vue de se séparer plus tard; ils doivent désirer et ils désirent que le lien solennellement contracté par eux dure autant que leur vie. Il n'est personne qui n'aspire à ce bonheur. Mais en présence des erreurs possibles, en présence de l'instabilité des sentiments humains, au nom du grand principe de l'inviolabilité des consciences, par respect pour la dignité de l'être moral, il est du devoir du législateur de ne pas fermer la porte aux réparations.

Tout le monde connaît l'histoire de cette jeune fille mariée à un galérien, et qui dut subir toutes les conséquences de sa douloureuse situation. Le misérable était parvenu à cacher ses antécédents. Le divorce n'existant pas en Franee, on a tenté de faire annuler le mariage au moyen de l'article 180 du code civil, qui dispose que le mariage peut être attaqué lorsqu'il y a eu erreur dans la personne. — « L'erreur est flagrante, disaient les avocats, Mlle X... a cru épouser un homme honorable, un homme du moins dans les conditions ordinaires, et elle se trouve mariée à un forçat. » — « Non, ont répliqué les juges, Mlle X... a pu se tromper sur la moralité de l'homme auquel elle s'est unie, mais elle ne s'est pas trompée sur son identité; elle a entendu épouser M. Z..., c'est en effet M. Z.. qu'elle a épousé; donc pas d'erreur quant à la personne. »

On a épuisé toutes les juridictions, mais en vain. Le texte de la loi est formel. Il a fallu que cette pure et chaste enfant, dont le cœur bondissait de dégoût et de mépris souverain, restât la femme d'un échappé du bagne!

Ah! je n'invente pas à plaisir cette histoire! Est ce que Clothilde de Vaux, l'amie d'Auguste Comte n'a pas, elle aussi, été mariée à un forçat?

Il y a cinq ou six ans, pareil fait s'est produit à Paris. Un galérien en rupture de ban a été arrêté le jour même de ses noces, et, après constatation de son identité, réintégré au bagne.

Malheureusement, le mariage était accompli depuis quelques heures. Avec un peu plus d'activité de la police, la malheureuse enfant que cet habile bandit avait réussi à tromper, échappait à la honte. Mais non; quand les agents sont venus, tout était consommé. Pour ne pas donner l'éveil, la police n'avait prévenu personne. Tant pis pour la victime!

On a dit, à l'époque, l'âge de cette jeune fille : 19 ou 20 ans.

— Peut-elle se remarier?

— Non.

— Et ses légitimes désirs de maternité, qu'en fera-t-elle?

— Elle les refoulera.

— Mais elle est jeune, elle peut aimer...

— Ce serait un amour adultère.

Donc elle est condamnée à l'isolement perpétuel, aux larmes.

Quelle vie !

Ces erreurs graves ne sont pas communes, je l'accorde ; mais combien d'autres, d'une nature toute différente, peuvent donner naissance à de poignants regrets?

Il suffit d'ailleurs que les caractères se heurtent pour que le mariage devienne un enfer. Ne vaut-il pas mieux cent fois rompre un lien pareil? Calculez le nombre de crimes qui ont été la conséquence du régime fatal que nous impose la loi. Le plus commun est l'adultère ; — mais il y a aussi l'assassinat !

Oui, l'assassinat! Et si vous doutez que beaucoup de ces crimes aient eu pour cause l'indissolubilité des unions matrimoniales, je vous renverrai aux rapports annuels du ministère de la Justice. Consultez les annales des cours d'assises, visitez les bagnes, les maisons de détention, demandez à l'échafaud ses sanglantes statistiques, et vous verrez!

Mais à quoi bon insister sur ce côté sinistre de notre sujet. Personne ne conteste, j'imagine, que des femmes aient attenté aux jours de leurs maris et des maris aux jours de leurs femmes pour recouvrer leur liberté.

Cela suffit pour que je réclame non seulement le divorce, mais la liberté du divorce; — c'est-à-dire le droit pour tout époux de rompre un lien qui lui pèse, sans être expressément tenu de soumettre ses raisons à l'appréciation d'un tribunal.

Tout le monde sait avec quelle légèreté se font, de notre temps, les mariages. Presque toujours on se prend sans se connaître. C'est un tort assurément, mais nous ne changerons pas le monde en un jour. Un nombre considérable d'unions sont *arrangées* par les parents qui, négligeant de consulter les affections et les caractères, se laissent guider par des considérations extérieures: rapports de fortune, rapports de condition, etc. De là, d'immenses déceptions. Est-ce qu'une jeune fille peut facilement résister aux injonctions de la famille? — Non. — Le père ordonne, elle obéit. Il est concevable, dès lors, que de grandes incompatibilités se manifestent, éclatent brusquement. Or, quand la vie commune devient lourde, mieux veut la rupture que la contrainte.

Nous n'avons pas le droit d'introduire l'irréparable dans la vie humaine. Quiconque le fait, viole un principe essentiel ; il méconnaît tout à la fois les lois de la justice et celles de la nature. Si quelque chose peut consacrer légitimement la pérennité des unions conjugales, c'est la liberté. On ne s'aime pas par ordre ; la violence n'a jamais fait naître l'affection.

Vous voulez des unions durables ? Vous avez raison. Eh bien ! le plus sûr moyen d'atteindre ce résultat, c'est de rétablir au plus vite le divorce, et surtout de ne pas l'entourer de formalités inutiles. On en usera d'autant moins qu'on aura plus de facilités à l'obtenir.

Cela n'est point un paradoxe, mais une vérité confirmée par l'expérience.

Il suffit souvent que deux époux sachent qu'il est loisible, à celui d'entre eux pour lequel la vie commune devient insupportable, de rompre le lien conjugal, pour que chacun s'attache à maintenir le plus possible la paix dans l'intérieur. Pour peu qu'on tienne l'un à l'autre, on évite les froissements, on craint de faire naître l'antipathie, on pèse ses paroles et on fait attention à ses actes. Beaucoup d'unions libres présentent ce phénomène, d'être plus heureuses que les unions légitimes. C'est triste à dire ; mais c'est ainsi. La fragilité du lien rend circonspect. On se dit que la plus petite incartade pourrait amener la séparation *immédiate*, sans formalité d'aucune sorte, et l'on veille sur soi. L'aménité remplace la rudesse ; on a, l'un pour l'autre, des attentions et des égards inconnus dans quantité de ménages réguliers.

La liberté du divorce produirait des effets analogues. C'est, du moins, ma conviction profonde.

L'histoire, du reste, est là pour en témoigner. Il ne s'agit plus de simples prévisions, mais de faits précis, positifs, incontestables.

On lit ce qui suit dans Montaigne :

« Nous avons pensé attacher plus ferme le
« nœud de nos mariages, pour avoir osté tout
« moyen de les dissoudre. Mais d'autant s'est
« desprins et relasché le nœud de la volonté
« et de l'affection, que celuy de la contraincte
« s'est estrécy : et, au rebours, ce qui teint
« les mariages à Rome si longtemps en hon-
« neur et sûreté, feut la liberté de les rompre
« qui vouldrait ; ils gardaient mieulx leurs fem-
« mes, d'autant qu'ils les pouvaient perdre ;
« et, en pleine licence de divorce, *il se passa*
« *cinq cents ans et plus, avant que nul s'en*
« *servist.* »

Est-ce clair ?

Montesquieu, frappé lui-même de ce fait
considérable, le relate en ces termes :

« Quoiqu'on eût à Rome la faculté de ré-
« pudier sa femme, on eut tant de respect
« pour les Auspices que personne, pendant
« *cinq cent vingt ans*, n'osa user de ce
« droit, jusqu'à ce Carvilius Ruga qui répudia
« la sienne pour cause de stérilité. »

Ailleurs, l'illustre écrivain dit encore, revenant sur le même sujet:

« Le divorce était permis dans la religion
« païenne et il fut défendu aux chrétiens. Ce
« changement qui parut d'abord de si petite
« conséquence eut insensiblement des suites
« terribles et telles qu'on put à peine les
« croire. On ôta non-seulement toute la dou-
« ceur au mariage, mais encore on donna
« atteinte à sa foi ; en voulant resserrer ses
« nœuds on les relâcha, et au lieu d'unir les
« cœurs, comme on le prétendait, on les
« sépara pour jamais.

« Dans une action si libre et où le cœur
« doit avoir tant de part, on mit la gêne,
« la nécessité et la fatalité du destin m me.

« Rien ne contribuant plus à l'attache-
« ment mutuel que la faculté du divorce,
« un mari et une femme étaient portés à
« soutenir patiemment les peines domesti-
« ques, sachant qu'ils étaient maîtres de les
« faire finir ; et ils gardaient souvent ce
« pouvoir en vain toute leur vie sans en

« user, par cette seule considération qu'ils
« étaient libres de le faire. »

Il est donc faux, comme le prétendent les
esprits superficiels, que le rétablissement du
divorce, — surtout, si l'on rendait les formalités moins longues et moins difficiles qu'autrefois, — conduirait à une sorte de promis-
cuité, à un relâchement complet des mœurs,
et qu'on se *démarierait* par caprice, pour un
oui ou pour un *non*, autant de fois que la
fantaisie en prendrait. Il faut avoir une no-
tion bien imparfaite du cœur humain pour
tenir sérieusement un pareil langage, et ne
pas comprendre combien est puissante, chez
la plupart d'entre nous, la force de l'habitude.

Tout le monde n'est pas atteint de cette
fièvre de changement que, dans son langage
pittoresque, Fourier appelait la *Papillonne*.

Et puis, il y a, pour retenir les époux, autre
chose, Dieu merci! que les entraves de la
loi : il y a d'abord le soin que chacun prend
de sa dignité. J'affirme que pas une femme
— pas un homme même, bien que les hom-

mes soient, en général, peu scrupuleux sur ce chapitre, — n'oserait briser mariages sur mariages pour le seul plaisir de satisfaire successivement une série de caprices amoureux. La belle réputation se ferait dans le monde, en vérité, l'individu qui voltigerait ainsi d'une famille à une autre ! Personne n'en voudrait bientôt plus!... Je dis en outre qu'il n'est pas dans la nature qu'un père et une mère, ou même deux époux sans enfants, sacrifient de gaîté de cœur le bonheur calme et paisible qu'ils goûtent au foyer commun (si le bonheur y est en réalité) pour tenter les hasards d'une union nouvelle. Et quand des enfants ajoutent, par leur présence, à la joie intérieure, on y regarde à deux fois avant d'attrister leur vie. Si léger de sentiment que l'on soit, on aime ces petits êtres!... A côté de cela, nous avons les intérêts de fortune, qui souvent méritent considération. Et vous croyez que pour un *caprice* on oublierait tout cela? Non, non ! Le divorce ne serait jamais demandé, soyons-en bien convaincus, que pour des raisons sérieuses, dans des cas particulièrement graves, et lorsque la vie commune serait devenue tout à fait intolérable.

D'ailleurs, nous avons, pour nous éclairer, l'exemple des pays voisins. Est-ce qu'en Allemagne, en Belgique, en Angleterre, en Pologne, les époux se livrent à ce chassé-croisé scandaleux ? Pas le moins du monde. Les mariages y durent ; le divorce n'est qu'une rare exception.

Je ne conteste pas qu'en France, si demain la faculté du divorce était rendue, il n'y eût une avalanche de demandes. C'est fort possible, je dirai même : c'est à peu près certain. Mais il ne faudrait pas s'en effrayer. Nous avons à tenir compte de tout le passif que la loi actuelle ne permet pas de liquider. L'équilibre, croyez-le, ne tarderait pas à se faire, et nous arriverions bientôt à la moyenne des autres pays. Notre moralité, en somme, vaut bien celle des Allemands.

XI

J'arrive au point le plus difficile de ma tâche.

Etant donné que le divorce présente de sérieux avantages sur le régime de la séparation de corps, dans quels cas et sous quelle forme la dissolution du mariage pourra-t-elle être prononcée ?

Ici, je l'avoue, de bons et loyaux esprits se séparent de moi. Ma doctrine est celle de la liberté absolue, — dont beaucoup ne veulent pas.

Mais j'ai l'habitude, quand je discute, de toujours m'appuyer sur des principes incontestables.

Le principe incontestable, en l'espèce, c'est l'autonomie de l'individu :

« *Tout être humain, qu'il soit homme ou qu'il soit femme, s'appartient.* »

Qui donc oserait disputer à l'individu raisonnable et conscient, le droit de demeurer maître absolu de sa personne ?

Cette prémisse posée, il en ressort que le mariage ne peut subsister qu'à la condition d'être *librement* consenti, *librement* voulu. Cela est si vrai que la manifestation publique et non équivoque de ce consentement, de cette volonté, est exigée par la loi civile, aussi bien que par la loi religieuse, pour la validité des unions matrimoniales.

Nul ne peut être marié malgré soi ; — nul, ajouterai-je, ne peut demeurer marié malgré soi.

Le mariage cesse quand le consentement, qui en est l'essence même, n'existe plus.

Toute loi qui le maintient en dehors de la volonté des époux, ou de la volonté formellement exprimée d'un des époux, le transforme en commerce impur.

Contraindre une femme à subir les embrassements d'un homme qu'elle n'aime pas, qu'elle ne peut aimer, qu'elle méprise peut-être ; lui imposer toute sa vie le répugnant sacrifice de son corps, quoi de plus odieux ! On se voile la face quand on songe à ces hontes, à ces révoltantes souillures !

Oui, oui, disons-le bien haut : le mariage imposé, c'est la prostitution légalisée ! Ayons le courage de voir les choses comme elles sont et de les appeler du nom qu'elles méritent. Une femme qui reste, fût-ce malgré elle, au pouvoir d'un mari qu'elle n'aime pas, se prostitue : le *debitum conjugale* des théologiens et des législateurs, est la plus dégradante servitude qu'on puisse imaginer. Je ne connais pas d'avilissement comparable à celui-là.

« Le droit à la copulation, dit M. Emile Acollas, c'est le *droit au viol entre époux !*»

Contre cette doctrine barbare, repoussante, monstrueuse, ne sentez-vous pas, ô femmes, votre conscience se révolter ? Est-ce que votre pudeur ne s'indigne pas ?.,.

Qu'on pense ce que l'on voudra ; que l'on dise avec l'Apôtre : « *Uxori vir debitum reddat ; simililer autem et uxor viro* », ou avec nos modernes jurisconsultes : « *La femme est obligée envers l'homme au devoir conjugal lorsqu'il le demande ;* » —

5*

moi j'ose soutenir que de pareilles prescriptions sont la honte de l'espèce humaine.

La nature d'une part, la raison de l'autre, protestent contre cette dégradation de l'être moral, contre cet oubli de toute pudeur, contre cette infamie commandée, ordonnée, légalisée.

Et le savant professeur dont tout à l'heure je citais l'irrécusable témoignage, les invoque à juste titre, lorsque parlant de cette double source de sereine lumière, il s'écrie :

« Ce que les deux (la nature et la rai-
« son) nous enseignent, vous le savez,
« Messieurs ; *elles nous disent qu'en face*
« *de toute personne humaine, toute per-*
« *sonne humaine s'appartient à elle-même,*
« *et elles proclament qu'il n'y a pas d'e-*
« *reur plus abominable, de jugement plus*
« *monstrueux que de contraindre l'un des*
« *époux à subir malgré lui l'embrassement*
« *de l'autre.* » (1)

(1) Emile Aco LLAS : *Trois Leçons sur les principes philosophiques et juridiques du mariage.* (Genève, 1871.)

Si, après cela, des mères de famille, des épouses chastes, s'obstinent à réclamer, — au nom de la morale et de la religion, — l'indissolubilité du mariage, on voudra bien me permettre de plaindre ces pauvres consciences dévoyées, mais de ne pas me laisser arrêter, dans l'œuvre que je poursuis, par les récriminations banales d'une foule qui ne réfléchit pas.

Un principe est posé, une base est établie, mais toutes les conséquences n'en sont pas encore déduites.

Je déclare que j'ai l'intention d'aller très loin dans mes déductions. Je suis, — j'en préviens ceux qui m'ont suivi jusqu'à ce moment, — d'une logique implacable. Tant pis pour les préjugés ! tant pis pour les idées reçues ! Une première vérité étant admise, j'en accepte, comme le veut Fénelon, toutes les conséquences. C'est, en effet, l'archevêque de Cambrai qui a écrit : « La force « nous manque pour suivre notre raison jus- « qu'au bout. Nous voyons clairement ce

« qu'elle renferme, et nous n'osons conclure
« avec elle. *Nous nous en défions comme si
« nous étions en droit de la redresser, et que
« nous portassions en nous un principe plus
« raisonnable que la raison même.* »

Donc, je vais jusqu'au bout de ma raison, et quoi qu'elle affirme, quand ses conclusions sont justes, je m'incline.

Tout être humain, avons-nous dit, s'appartient corps et âme ; toute *copulation imposée* est un crime.

La conséquence, s'il vous plait ? — Elle est inexorable : c'est le droit pour l'époux, comme pour l'épouse, de se soustraire aux obligations qu'entraîne le mariage.

Dès lors, je ne reconnais pas à un tribunal, si impartial qu'on le suppose, le pouvoir exorbitant de refuser le divorce sous prétexte que les raisons alléguées ne lui paraissent pas suffisantes, et de contraindre deux êtres, dont l'un déteste l'autre, à vivre de la vie commune, de la vie conjugale.

Cela mène loin, je le sais, je l'ai dit ; mais que puis-je y faire ?

Voyez un peu la situation que va créer le refus des tribunaux ! Deux époux ont été en instance ; de part et d'autre les griefs ont été accumulés ; on s'est accusé réciproquement, dénigré autant qu'on l'a pu ; les avocats ont étalé à plaisir les torts de Monsieur et ceux de Madame ; on s'est dit à l'audience de grosses injures ; les haines se sont d'autant envenimées, et le débat fini, on se trouve obligé de se rapprocher, de vivre sous le même toit ! Mais c'est inouï d'inconséquence et d'absurdité !

Un fait récent va nous servir d'exemple.

C'est à la *Gazette des Tribunaux* que j'en emprunte les détails.

Mme D..., la fille du célèbre paysagiste H..., après dix-huit mois de mariage, sent que la vie commune est intolérable pour elle. Peut-elle reprocher à son mari des actes de brutalité, des injures ? Non. Mais en dehors des sévices graves, il y a mille tracasseries, insignifiantes en apparence, douloureuses en réalité, qui finissent par irriter une femme et dont la saine appréciation échappe forcément à la conscience des juges. C'était le cas de Mme D...; elle pliait sous le poids d'agacements perpétuels ; elle était *réduite* par une « succession de coups d'épingles » ; bref, le supplice était devenu insupportable.

Ne pouvant recourir au divorce, elle avait demandé la séparation de corps. C'était sa seule ressource. Les juges n'ont pas trouvé, dans les allégations de la jeune femme, de motifs assez graves pour faire droit à sa requête, et ils l'ont condamnée à réintégrer le domicile conjugal.

« Pour ma part, concluait le ministère public, j'estime qu'au fond de cette situation, qui, grâce à des influences étrangères, a passé de l'état chronique à l'état aigu, il y a, en définitive, une véritable incompatibilité d'humeur. C'est ainsi que l'ont jugé la plupart des témoins entendus dans l'enquête. Or, la loi ne permet point aux juges de fonder une séparation sur de pareilles bases..... »

C'est justement le tort de la loi. L'incompatibilité d'humeur conduit à l'impossibilité de l'accord. Deux époux qui ne peuvent s'entendre en ont bientôt assez de la vie commune.

Voilà donc Mme D..., obligée de retourner chez son mari, et cela après les choses flatteuses qu'elle a dû lui faire dire par son défenseur. Comme un pareil procès est de nature à faire renaître des sentiments réciproques d'affabilité et de douceur! Rester forcément la compagne de l'homme qu'on a traîné devant les tribunaux! La belle existence, en vérité, que l'on prépare à cette malheureuse jeune femme! Mais sa maison est un bagne maintenant pour elle! Et le fameux *débitum conjugale*, y songe-t-on?... Je vous le dis, cette situation est atroce !

En mon âme et conscience, je déclare que ce mariage est rompu ; il est rompu, parce que, du côté de la femme, le consentement, cette obligation essentielle, n'existe plus.

C'est pourquoi je répète qu'en matière aussi délicate, les tribunaux sont incompétents.

Ils n'ont pas, ils ne peuvent avoir des éléments suffisants d'appréciation.

Le juge, personnage indifférent et froid, homme blasé sur les douleurs d'autrui, ne comprendra jamais bien ce que peut souffrir une femme dans son intérieur. Certaines choses délicates lui échapperont, d'autres ne le toucheront point. De même, il ne se rendra jamais un compte exact des insupportables et perpétuelles tracasseries qu'un mari pourra subir de la part de sa femme.

Et puis, disons-nous bien une chose, c'est que, si la loi exige des motifs graves, on lui en fournira. Les gens décidés à rompre leur union ne reculeront pas devant cette extrémité. La faute n'en sera pas à eux, mais à nous.

« Ah ! société ignorante et aveugle, diront-ils, tu me refuses l'exercice honnête de ma liberté ! Soit !... Il te faut des voies de fait ? En voilà !... Tu veux l'adultère ? Je te sers l'adultère !... Et maintenant, brise ma chaîne !... »

N'eût-il pas mieux valu la briser tout de suite ?...

Donner au juge le droit de déclarer que les motifs invoqués ne sont pas suffisants, c'est mettre les époux résolus dans la funeste obligation d'en faire naître de sérieux.

J'ai connu une dame — et je la connais encore, car elle vit toujours — qui, pour rendre possible sa séparation, a eu l'habileté de se faire donner publiquement un soufflet par son mari.

Que voulez-vous? Elle n'avait que ce moyen !

Il me reste maintenant à dire de quelle manière et après quelles formalités indispensables pour prévenir les entraînements irréfléchis, le divorce pourra, devra être prononcé.

XII

Les circonstances dans lesquelles le divorce peut être demandé se réduisent à trois, savoir :

1º Le divorce par consentement mutuel, c'est à-dire demandé simultanément et conjointement par les deux époux, d'accord sur la nécessité de rompre leur union ;

2° Le divorce *voulu* par un seul des époux, sans motif déclaró, c'est-à-dire pour des raisons personnelles, particulières, qui ne relèvent que de la conscience et reposent sur le grand principe de la liberté, de l'inviolabilité de la personne humaine ;

3° Le divorce réclamé par un seul des époux pour cause déterminée, telle que ; adultère, coups, blessures, injures graves, etc. ; ou simplement aveu d'antipathie ou d'incompatibilité d'humeur.

Pour chacun de ces trois cas, — les seuls possibles, — se présente la double alternative suivante :

Existence ou non existence, au moment de la demande, d'enfants nés ou à naître du mariage.

Il s'agit donc, pour le législateur, de prévoir les trois cas que nous venons d'énumérer, de se préoccuper, pour chacun d'eux, de la situation des enfants, et de prévenir,

autant que possible, les entraînements irréfléchis.

Ainsi ramenée à ses points principaux, réduite à sa plus simple expression, la question devient claire et me paraît très facile
à résoudre.

Pour en sortir, il suffit de mettre brave-
ment de côté les préjugés anciens, de voir
le mariage tel qu'il est: « une association
volontaire de deux êtres appelés à vivre de
la vie intime de la famille », et de ne pas
se laisser dominer par la préoccupation
d'intérêts mesquins, circonscrits, à coup sûr
inférieurs aux grands intérêts moraux que
la loi doit toujours avoir pour but de sauvegarder.

Résumons les principes :

Nul ne peut aliéner irrévocablement sa
liberté ; les engagements éternels violent la
conscience ; l'avenir n'appartient à personne.
— On peut désirer s'aimer toujours, on
peut croire à un moment donné, que l'on
s'aimera jusqu'au dernier soupir, mais des

dissentiments de nature à rompre l'harmonie, à rendre tout accord impossible, sont à prévoir. Le cœur humain n'est pas exempt de faiblesses ; s'il a ses heures de doux épanchements, il a parfois aussi son égoïsme et ses duretés. Les caractères changent. Et puis, on peut se tromper. Pas plus que les jeunes gens, les pères et les mères ne sont infaillibles. Nous avons vu, malheureusement, de nombreux et tristes exemples des erreurs qui peuvent être commises.

Tout cela est vrai, dira-t-on, mais, à côté du droit, il y a le devoir, — dont il faut tenir compte — et qui impose, dans bien des circonstances, l'oubli des griefs les plus égitîmes.

Oui ! le devoir commande une grande circonspection ! Oui ! le devoir exige qu'on fasse des sacrifices !

Seulement, je soutiens qu'en pareille matière, le *devoir*, la plupart du temps, se confond avec le *droit*.

Le devoir veut qu'un homme, qu'une

femme, à qui répugnent les obligations conjugales, ne restent pas soumis honteusement
aux *servitudes* (ce ne sont plus que des
servitudes) qu'impose forcément la cohabitation.

Et je parle, en m'exprimant ainsi, non-
seulement au nom du devoir moral, mais
encore au nom du devoir religieux.

J'ajoute que je parle au nom de la pudeur.

Si quelqu'un ose me contredire sur ce dernier point, je me charge de lui répondre !

Mais j'entends formuler une autre objection ; celle-là, je l'avoue, m'émeut et me touche.

C'est toujours du devoir qu'il s'agit, mais
du devoir entrevu sous un autre aspect.

Deux jeunes époux se sont liés l'un à
l'autre ; ils ont consenti librement, volon-
tairement, une union basée tout à la fois
sur les convenances et leur mutuelle affection ; ils se plaisaient, ils s'aimaient. L'un
d'eux peut-il donc, plus tard, sous prétexte

d'autonomie, de dignité, de respect de soi, exiger une rupture qui, peut-être, va jeter le désespoir dans l'âme de celui qui continue toujours d'aimer ?

Oui ! répondrai-je.

Pas plus, entendez-vous bien, que vous n'êtes tenus, par bonté de cœur, d'épouser l'homme ou la femme qui vous aime, mais que vous n'aimez pas, je ne vous regarde comme obligés de rester la femme ou le mari de l'être que vous avez cessé d'aimer, — que vous haïssez peut-être !

Est-ce que vous tenez compte, avant le mariage, de cette délicate question de l'amour non partagé ? Vous jetez-vous généreusement dans les bras de la personne qui vous aime, pour lui éviter des larmes ? Non ; vous détournez la tête, si vos affections vous portent ailleurs, et vous ne vous croyez pas bien cruel pour cela.

La situation est la même.

Cette réponse peut paraître fort dure, je ne me le dissimule pas ; mais qu'on veuille bien y réfléchir, et l'on verra qu'au fond j'ai raison. Mon esprit se refuse à comprendre qu'un époux malmené par l'autre (la désaffection ne vient guère sans que des causes sérieuses l'aient amenée) ou même un époux qui n'aime plus — qui aime ailleurs, si vous voulez — soit contraint de se sacrifier au bon plaisir de son conjoint ; c'est, il me semble, pousser un peu trop loin le dévouement et l'abnégation.

Soit ! dira-t-on, une femme ne doit rien au mari qui la maltraite ou qu'elle n'aime plus ; un mari ne doit rien à la femme qui lui rend la vie commune odieuse ou simplement insupportable ; mais n'y a-t-il pas pour vous, dans certaines circonstances, obligation morale de supporter les inconvénients d'un ménage mal assorti pour sauver de l'abandon et de l'isolement les enfants que vous avez mis au jour ? Vous êtes père, vous êtes mère, vous devez bien quelque chose au petit être innocent qui tient de vous la vie. Dégagé de toute obligation à l'égard des autres, vous ne l'êtes pas au même degré vis-à-vis de lui. Votre tâche — tâche sacrée !

— est de l'élever. Ici, le devoir est impérieux, il n'admet pas de restrictions. Tant
qu'il n'est pas rempli, vous ne vous apparte-
nez pas.

Voici ma réponse :

Si les obligations de la paternité sont
grandes — ce que je ne nie pas — vous
n'avez à vous préoccuper que d'une chose :
la manière dont je les remplirai. Pourvu
que je ne déserte pas la tâche qui m'incom-
be, le droit que je possède et que vous ne
pouvez me contester, de disposer de mes affections et de ma personne, reste entier. Il
ne faut pas, sous prétexte du droit de l'enfant, annuler le droit du père, fouler aux
pieds celui de la mère. Un droit en vaut un
autre. Et si l'enfant est garanti, la société
n'a rien à demander de plus.

Nous nous devons à nos enfants, mais
nous nous devons aussi à nous-mêmes.

Sauvegarder ces deux droits, — voilà tout le
problème.

Mais il serait mauvais, il serait immoral
que l'un étouffât l'autre.

Le droit du père est égal au droit du fils ; le droit de la mère vaut celui de la fille.

Ici, encore une fois, le devoir se confond, s'identifie avec le droit. C'est en se respectant soi-même, en ne prostituant ni son âme, ni son corps, qu'on élève le niveau moral de la famille.

Ah ! sans doute, les ruptures — choses graves ! — ne doivent pas être le fait d'un pur caprice, d'un entraînement passager, la conséquence d'un coup de tête.

Mais ce danger n'est pas à craindre.

Exceptionnellement, le fait pourra peut-être se produire. De même qu'il y a des gens qui se marient à la légère, on en verra, je le concède, qui divorceront sans motifs bien sérieux, et cela malgré les précautions que je veux introduire dans la loi. Mais est-ce qu'en toutes choses le même inconvénient ne se rencontre pas ? Si vous défendez le divorce parce que des abus sont possibles, il faut également ment interdire le mariage qui n'en est certes pas exempt.

Les lois ne se font pas en vue des exceptions ; elles se basent sur des faits généraux, normaux.

Or, je l'ai dit et je maintiens mon affirmation, en France pas plus qu'ailleurs, on ne divorcera pour le plaisir de divorcer. Les choses se passeront ici comme elles se passent chez nos voisins.

Donc :

RESPECT AU DROIT, RESPECT A L'AUTONOMIE INDIVIDUELLE ;

Tel est le principe fondamental qui doit servir de point de départ à une nouvelle législation sur le mariage et nous guider dans l'élaboration de la loi relative au divorce.

La loi sera bonne, si elle sauvegarde tout à la fois :

La liberté absolue des époux,

Les bonnes mœurs,

Le droit de l'enfant — ou des enfants,

Et si, en outre, elle protége les conjoints contre les funestes conséquences d'un entraînement irréfléchi.

Quoi qu'on en dise, une loi pareille ne me

semble pas impossible à faire ; le problème n est pas si compliqué qu'on n'en puisse sortir.

Pour ma part, j'ai tenté l'aventure.

Peut-être me trouvera-t-on téméraire. Je ne nie pas qu'il n'y ait une certaine hardiesse à s'ériger tout seul en législateur. Il faut pourtant que quelqu'un commence. J'ai osé.

Ai-je songé à tout ? Ai-je tout prévu ? Ai-je protégé tous les droits, ménagé tous les intérêts, respecté tous les devoirs ?

Ceux qui m'ont patiemment suivi dans cette longue étude seront juges.

Mais avant de transcrire le texte de loi que je soumets à l'examen des esprits compétents, je crois utile de présenter quelques considérations dernières.

XIII

Le projet qu'on va lire n'est pas exactement — j'en fais l'aveu — l'expression de ma pensée. Je dois à ceux qui m'ont fait l'honneur de s'intéresser à ce long travail, à ceux qui, je l'espère, voudront bien, quand le moment sera venu, se charger de le soutenir, en mon lieu et place, devant les législateurs de la future Assemblée nationale, d'expliquer les raisons qui m'ont conduit à faire à l'opinion publique quelques légitimes concessions de détail.

Si j'avais pu m'isoler de tout précédent, m'affranchir de toute pression extérieure, ne tenir aucun compte de notre législation courante, j'aurais certainement présenté un texte plus concis, plus simple, moins embarrassé de formalités et de prescriptions.

Certes, je ne me serais pas, en tout état de cause, écarté des principes que j'ai moi-même posés et que je considère comme imprescriptibles; je n'aurais pas oublié davantage les garanties qui doivent entourer un acte aussi important que la dissolution d'un lien respectable et sacré. Mais il m'eût été possible d'élaguer une foule de dispositions secondaires, inutiles, et dont le maintien ne m'a paru transitoirement nécessaire que pour ne pas rompre brusquement avec des usages depuis longtemps pratiqués chez nous.

Pour rédiger une loi sur le divorce, telle que je la conçois, il m'eût fallu commencer par faire table rase des règles qui président actuellement à la célébration des mariages et réviser toute notre législation sur ce point. Je ne pouvais y songer. Ce n'est que progressivement, par des améliorations successives, au fur et à mesure que nos mœurs se modifieront et que nos préjugés disparaîtront, que l'on arrivera à la perfection relative qu'il est permis d'entrevoir. Mais on ne brise pas tout d'un coup avec le passé ; on ne raye pas d'un trait de plume une législation déjà vieille de plus d'un demi-siècle.

J'avais donc à me préoccuper surtout de deux choses :

1° Ne pas sortir des principes essentiels ;

2° Tenir compte, autant que possible, de la législation en vigueur.

J'ai dû, par conséquent, faire concorder le projet qu'on va lire, avec les autres parties du Code civil, auxquelles il n'est, en aucune façon, provisoirement dérogé.

6*

Ne touchant point aux articles qui régissent le lien matrimonial, je devais m'attacher particulièrement à mettre le Titre relatif au *Divorce*, en harmonie avec les dispositions contenues au Titre du *Mariage*.

C'était le point délicat, le côté difficile du problème ; mais il ne m'appartenait pas d'en modifier les termes.

C'est pourquoi j'ai demandé, pour la dissolution des unions conjugales, des formalités à peu près identiques à celles que l'on juge indispensables pour la conclusion des mariages.

Le mariage doit se rompre comme il se fait, — au même lieu, dans les mêmes formes, sous les mêmes garanties, avec la même solennité.

Les deux actes sont corrélatifs. Sauf les modifications nécessitées par la différence essentielle qui ressort de la nature même et du caractère particulier de chacun de ces actes, tous deux doivent être accomplis *identiquement* de la même façon.

Les formes du divorce se trouvent donc,

en quelque sorte, commandées par les formes du mariage.

Le jour où les formes du mariage seront
simplifiées, celles du divorce pourront l'être
à leur tour dans le même sens.

Et c'est parce que je laisse *entier* le Titre V du Livre 1er de notre Code, que j'ai
introduit dans mon projet de loi des prescriptions qui semblent, au premier abord,
plus compliquées que de raison. Mais qu'on
ne s'arrête pas trop à cette apparence.

Tel qu'il est, le projet que je soumets à
l'appréciation des jurisconsultes et des légis-
tes, peut être, dès demain, encadré dans le
Code civil, à la place qu'occupait autrefois
la partie du Titre VI relative au divorce et
celle qu'occupe encore aujourd'hui la série
d'articles traitant de la séparation de corps,
sans qu'il soit besoin de changer un *iota* au
reste de la loi, et sans qu'il résulte de cette
addition la moindre discordance, la plus petite contradiction avec les dispositions qui
précèdent ou qui suivent. L'unité du Code
est conservée. Il y a accord complet, con-

cordance parfaite, connexité absolue entre la partie nouvelle que je propose, et les parties anciennes que je laisse subsister.

Il était difficile, ce me semble, de tenir compte, avec plus de respect que je ne l'ai fait, des lois en vigueur et des habitudes prises.

Cependant, — j'insiste sur ce point, — je n'ai fait abandon d'aucun des principes fondamentaux qui sont, à mon avis, la base du droit humain, et doivent être, par cela même, la base unique de notre droit civil.

On peut transiger sur les formes, — jamais sur le fond.

Les principes sont immuables, sacrés, inviolables ; nul législateur n'a le droit d'y déroger.

La loi que j'apporte n'est donc pas, à proprement parler, une loi de *transaction*.

C'est, comme je l'ai dit au début de ce livre, une loi de *transition*.

En voici le texte :

PROJET DE LOI

—

Modifications à apporter au Titre V du Code civil, relatif au mariage.

« Art... — La loi défend de stipuler aucune restriction à la faculté du divorce (1) »

« Art. 227. — Le mariage se dissout : 1° Par
« la mort de l'un des époux ; 2° par le di-
« vorce. »

—

DU DIVORCE

—

CHAPITRE 1er. — **Dispositions générales.**

Art. 1er. Le divorce a lieu par le consentement mutuel des époux ou par la volonté d'un seul.

(1) Cet article est la reproduction textuelle de l'art. 5, Titre III, du Code civil de la Convention.

CHAPITRE II. — **Mode du divorce.**

§ 1er *Divorce par consentement mutuel en cas*
de non existence d'enfant.

Art. 2. — Les époux qui demandent conjointement le divorce, s'ils n'ont pas d'enfant à l'époque de la demande, ou si la femme n'est pas présumée enceinte, se présenteront à la mairie du lieu de leur domicile et requerront l'officier de l'état civil de dresser acte de leur volonté de divorcer.

A cet acte, purement *déclaratif*, dressé sur un registre *ad hoc*, tenu en conformité de l'article 41 du Code civil, demeureront annexées : 1° copie authentique de l'acte de mariage desdits époux ; 2° copie authentique d'un acte de notoriété attestant qu'il n'existe aucun enfant né du mariage en voie de dissolution. Ledit acte déclaratif contiendra en outre l'affirmation par la femme qu'elle n'est pas enceinte ; il sera reçu sans assistance de témoins, et signé seulement par les époux demandeurs et l'officier de l'état civil. Il ne devra y être fait aucune mention des motifs qui déterminent les époux à rompre leur union.

Art. 3. — Si les époux persistent dans leur résolution, la même déclaration devra être réitérée une seconde et une troisième fois, à des intervalles qui ne pourront être moindres de trois mois, de telle sorte qu'il se soit écoulé six mois au moins entre la première et la troisième. Actes seront également dressés de la deuxième et de la troisième déclaration ; ces deux actes, comme le premier, seront signés, sans assistance de témoins, par chacun des époux et l'officier de l'état civil en fonctions. — Si l'un des époux ne persiste pas et refuse de signer, soit la deuxième soit la troisième déclaration, l'instance rentrera dans la catégorie du divorce par la volonté d'un seul, et les déclarations déjà faites bénéficieront à l'époux qui maintient la demande.

Art. 4. — La troisième déclaration étant faite et les deux époux témoignant ainsi qu'ils

persistent dans leur résolution, il sera procédé ainsi qu'il suit :

Art. 5. — Le maire qui aura reçu les trois
déclarations fera, à première réquisition des
époux ou de l'un d'eux, deux publications à
huit jours d'intervalle, un jour de diman-
che, devant la maison commune (1), conformément aux dispositions prescrites pour la
célébration du mariage par l'article 63 du
Code civil. Ces publications et l'acte qui en
sera dressé énonceront les prénoms, noms,
professions et domicile des époux. L'acte
qui établira l'accomplissement de ces dernières formalités indiquera les jours, lieux et
heures où lesdites publications auront été
faites ; il sera transcrit sur un registre spécial, coté et paraphé, comme il est dit en
l'article 41 du Code civil (2).

(1) Il va sans dire que cette expression « maison commune » désigne, non le domicile commun des époux,
mais la mairie.

(2) On trouvera peut-être (l'auteur de ce projet le
trouve lui-même) que toutes ces formalités, ainsi que
celles indiquées dans les articles ci-après, sont bien nom-
breuses et bien compliquées ; mais elles ne sont, en définitive, que la reproduction de celles prescrites pour la cé-

Art. 6. — Un extrait de l'acte de publication sera et restera affiché à la porte de la maison commune, comme pour le mariage, pendant les huit jours d'intervalle de l'une à l'autre publication. Le divorce ne pourra être prononcé avant le troisième jour, depuis et non compris celui de la seconde publication (1).

Art. 7. — La femme, à dater du moment où aura été signée la première déclaration,

lébration des mariages. L'usage en a rendu la pratique facile et l'accomplissement peu onéreux. On peut donc les adopter sans scrupule, afin qu'il ne soit pas dit que le divorce est entouré de moins de garanties que le mariage.

(1) Etant donnée l'obligation des trois déclarations à trois mois d'intervalle, le délai de huit jours pour les publications, et les trois jours francs qui doivent s'écouler entre la seconde publication et le prononcé du divorce, on voit qu'aucun divorce ne pourra être consommé avant qu'il se soit écoulé *six mois et demi* au moins, à dater du jour où aura été accomplie la première formalité. On est donc suffisamment garanti contre les entraînements irréfléchis : un coup de tête ne dure pas six mois et quinze jours. On a tout le temps de la réflexion, et si l'on persiste, c'est qu'on est bien décidé. Notons en outre que ce délai de six mois et demi est le plus court qu'on puisse espérer, si pressé que l'on soit d'en finir. Pour ne pas le dépasser, il faut ne perdre ni un 'our, ni une heure.

ne sera plus tenue d'habiter le domicile conjugal; elle pourra, sans autorisation d'aucune sorte, se retirer où bon lui semblera.
Le mari jouira de la même liberté.

Toutefois, il sera loisible aux époux, pendant
tout le temps que dureront les formalités préliminaires, de continuer de vivre en commun.

Art. 8. — Le jour fixé par les époux pour
le prononcé du divorce, lesdits époux, s'ils
persistent dans leur résolution, se présenteront devant l'officier de l'état civil, accompa-
gnés de quatre témoins, dans une des salles
de la maison commune. L'officier de l'état
civil donnera, à haute voix, lecture : 1° de
l'acte de mariage des parties en présence ;
2° des trois déclarations tendant au divorce ;
3° des pièces mentionnées dans les articles 5
et 6 qui précèdent; 4° des articles de la présente loi applicables au cas de divorce dont
il s'agira en l'espèce. Après quoi, ayant requis une dernière fois l'affirmation de la
femme qu'elle n'est pas enceinte, ayant demandé à chacun des époux séparément s'ils

persistent dans leur résolution de divorcer, et ayant reçu leur réponse affirmative, il prononcera la dissolution du mariage et en dressera acte sur-le-champ.

Art. 9. — On énoncera dans l'acte de divorce : 1° les prénoms, noms, âges, professions, lieux de naissance et domicile actuel des époux divorcés ; 2° la série de formalités remplies conformément aux prescriptions de la présente loi ; 3° l'affirmation réitérée de la femme qu'elle n'est pas enceinte ; 4° la déclaration faite publiquement, et en présence de témoins, que les époux ont entendu divorcer ; 5° les prénoms, nom, âge, profession et domicile des témoins et leur déclaration s'ils sont parents ou alliés des parties, de quel côté et à quel degré.

Art. 10. — En aucun cas, pas plus que les actes déclaratifs prescrits par les articles 2 et 3 qui précèdent, les pièces énumérées dans les articles 5 et 6 et l'acte de dissolution du mariage, ne devront mentionner les motifs déterminant du divorce.

Art. 11. — Si le divorce n'est pas prononcé dans les six mois, à compter de l'expiration du délai de publication, ou s'il s'est écoulé un an plein depuis la date du premier acte déclaratif, il ne pourra être prononcé qu'après que de nouvelles déclarations et publications auront eu lieu dans les formes ci-dessus prescrites ; les premières formalités devenant de plein droit nulles et non avenues.

Art. 12. — Dans le cas où, au cours des formalités dont le détail précède, la femme se reconnaîtrait enceinte, fût-ce à la dernière heure, c'est-à-dire le jour fixé pour le prononcé du divorce, le maire devra mentionner dans l'acte de dissolution du mariage les mesures prises pour assurer le sort de l'enfant, ainsi qu'il est dit en l'article 16 ci-après.

Art. 13. — Dans le cas où, les deux époux ayant signé conjointement les trois déclarations préalables, l'un d'eux ne se présenterait pas à la mairie le jour fixé pour la dissolution du mariage, le divorce sera prononcé à la requête de l'époux présent; mention sera faite de l'absence de l'époux défaillant.

Art. 14. — Toute fausse déclaration de la femme, faite de mauvaise foi, tendant à se déclarer enceinte ne l'étant pas, ou à cacher une grossesse réelle, tombera sous l'application de l'article 192 du Code civil. — Si le divorce n'est pas prononcé lors de la découverte de la fraude, il y sera sursis, au cas où il s'agirait d'une grossesse dissimulée, jusqu'à ce que les mesures prescrites par l'article 16 ci-après aient été prises ; la demande, au contraire, suivra son cours régulier, même sans le consentement de la femme, dans le cas où il s'agirait d'une fausse déclaration de grossesse.

Si le divorce est déjà chose consommée à l'époque où se découvrira la fraude, il sera loisible au tribunal, suivant la gravité du cas, d'ajouter à l'amende des dommages intérêts soit au profit de l'enfant à naître, soit au profit de l'époux non complice ou de tous les deux ensemble, et la peine de l'emprisonnement pendant huit jours au moins et six mois au plus.

Art. 15. — L'homme ou la femme mariés, quelque soit leur âge, sont majeurs pour le divorce. Ils n'ont à justifier d'aucune autorisation, d'aucun consentement des tiers pour introduire leur demande et en poursuivre l'exécution.

§ 2. *Du divorce par consentement mutuel en cas d'existence d'enfants ou de grossesse de la femme.*

Art. 16. — Si, au moment de l'introduction par le mari et la femme, d'une demande en divorce, il existe un ou plusieurs enfants mineurs, nés du mariage des époux en instance, ou si la femme se déclare enceinte, il devra, dans l'intervalle des trois déclarations, être pourvu au sort desdits enfants, soit qu'un seul des époux reste chargé de les élever, soit qu'il y ait, à cet égard, partage amiable entre les époux ; soit, en cas de dissentiment, que le conseil de famille ait prononcé ou qu'il y ait eu décision de la Chambre civile des référés de famille dont il va être parlé en l'art. 19 ci-après.

La Chambre des référés ne pourra être saisie en pareille matière, que dans le cas où la décision du conseil de famille ne serait pas acceptée par les époux. Elle jugera en dernier ressort. Son jugement ne pourra être annulé que par arrêt de la cour de cassation. Il sera exécutoire sur minu'e et nonobstant appel.

Art. 17. — Les actes déclaratifs, ou au moins l'acte de divorce, devront mentionner les mesures arrêtées en conformité de l'article qui précède.

L'officier de l'état civil qui aura dressé l'acte de divorce d'époux ayant des enfants mineurs ou un enfant à naître, sans mentionner audit acte les déclarations relatives aux mesures prises dans l'intérêt des enfants,

sera passible des peines portées par l'article
192 du Code civil.

§ 3. *Du divorce par la volonté d'un seul
des époux, dans le cas où il n'existe pas
d'enfants.*

Art. 18. — Le divorce par la volonté
d'un seul des époux, a lieu :

1° Sur la demande expresse et persistante
de l'un des époux, affirmant sa volonté de
dissoudre son mariage ;

2° Pour cause déterminée, telle que : adultère, coups, blessures, injures graves, absence
prolongée, etc., ou simplement aveu d'antipathie ou d'incompatibilité d'humeur.

Art. 19. — L'époux qui demandera seul
le divorce devra notifier à l'autre, amiablement ou par exploit d'huissier, son intention
de rompre son mariage, et l'appeler à comparaître devant le tribunal civil du ressort,
Chambre dite des *Référés de famille.* (1)

Aussitôt après cette notification et l'assigna-

(1) Cette Chambre n'existe pas dans l'organisation
actuelle des tribunaux civils, elle serait à créer.

tion à comparaître, l'époux demandeur pourra faire constater l'état et la situation de la communauté et faire les actes conservatoires exigés par les circonstances.

Art. 20. — La volonté persistante de l'époux demandeur ressortira des trois actes déclaratifs prescrits par les articles 2 et 3 ci-dessus, et du refus de rapprochement devant la Chambre des référés de famille.

Art. 21. — Les trois actes déclaratifs seront signés par l'époux demandeur et l'officier de l'état civil, sans la présence de témoins, comme il est dit plus haut. Si l'autre époux acquiesce, son intervention sera admise pour constater l'acquiescement donné par lui, et, dans ce cas, la déclaration à laquelle il aura paru, sera considérée comme première déclaration de divorce par consentement mutuel, nonobstant toutes autres antérieures.

Art. 22. — Dans l'intervalle des trois déclarations portant la signature d'un seul des époux, la Chambre des référés de famille, à la diligence de l'époux demandeur, appellera les deux conjoints en conciliation devant elle, et, après les remontrances et tentatives de rapprochement délivrera, séance tenante, un certificat constatant : 1° la comparution des époux ; 2° le résulat de la tentative de conciliation.

Art. 23. — Les audiences du tribunal de conciliation ne seront pas publiques.

Toutefois, dans le cas où le divorce serait demandé pour faits graves, des témoins, cités de part et d'autre, pourront être entendus.

Alors même que les faits graves articulés par l'époux demandeur contre son conjoint ne seraient pas suffisamment établis, ou même qu'ils seraient contredits par les témoignages entendus, si l'époux demandeur persiste dans sa volonté de poursuivre la dissolution de son mariage, la Chambre des référés de famille devra délivrer le certificat ci dessus prescrit, constatant que le rapprochement des époux n'a pu être obtenu.

Mais dans le cas où la gravité des faits

reprochés par l'époux demandeur ne ressortirait pas du débat contradictoire, le tribunal, pour sauvegarder la dignité et la réputation de l'époux opposant, énoncera dans le certificat délivré par lui que le divorce a lieu pour cause non déterminée.

Art. 24. — Pour le surplus des formalités à remplir avant d'arriver au prononcé du divorce, il sera procédé de la manière indiquée aux § 1er et 2e de la présente loi.

L'acte de divorce énoncera et visera, dans ce cas, le certificat de la chambre des référés de famille, lequel demeurera annexé.

Art. 25. — Le défaut d'énonciation, dans l'acte de divorce, et d'annexe audit acte du certificat de non conciliation, entraînera, pour l'officier de l'état civil, l'application des peines portées par l'article 192 du code civil.

§ 4. *Du divorce par la volonté d'un seul, en cas d'existence d'enfants ou de grossesse de la femme.*

Art. 26. — Le divorce étant demandé par

un seul des époux, s'il existe des enfants
mineurs ou un enfant à naître, l'époux demandeur et l'officier de l'état civil requis,
seront tenus de se conformer aux prescriptions des articles 2, 9, 13 et 17 de la présente loi.

CHAPITRE III. — **Effets du divorce.**

Art. 27. — Le divorce entraînera de
plein droit la séparation de corps.

Si l'un des époux est dans l'indigence, l'autre
sera tenu, à moins d'impossibilité constatée,
de lui servir une pension alimentaire; cette
obligation cessera à compter du jour où l'ex-
époux, ainsi pensionné, aura contracté un
nouveau mariage.

Art. 28. — Un extrait de l'acte de divorce, énonçant la date du jour où le divorce aura été prononcé, les prénoms, nom,
profession, dernier domicile commun et domicile actuel de chacun des deux époux divorcés, délivré d'office par l'officier de l'état
civil, sera, à la diligence et par les soins
des époux ou de l'un d'eux, publié dans

les journaux désignés pour recevoir les annonces judiciaires.

Art. 29. — Le divorce, vis-à-vis des créanciers et autres tiers intéressés, ne produira d'effets civils qu'à compter du jour où la publication dont il est parlé en l'article qui précède aura été faite.

CHAPITRE IV. — **Droits des époux divorcés.**

Art. 30. — Le divorce a pour objet de rendre à chacun des époux sa pleine et entière liberté ; en conséquence, il leur sera loisible de contracter de nouvelles unions, en se conformant aux prescriptions de la loi.

L'article 228 du code civil est applicable à la femme divorcée (1).

(1) Cet article est ainsi conçu : — « Art. 228. La femme ne peut contracter un nouveau mariage qu'après dix mois révolus depuis la dissolution du mariage précédent. » — Le maintien de cette disposition sera nécessaire aussi longtemps que la loi continuera d'invoquer, comme base de la filiation, la maxime : *Is pater est quem justæ nuptiæ demonstrant*, laquelle impose au mari la paternité de tous enfants nés ou conçus pendant le mariage.

Art. 31. — Néanmoins, si le divorce a été prononcé pour cause d'absence du mari pendant deux ans, ou s'il est constaté que le mari ait abandonné depuis un an son domicile et sa femme, celle-ci pourra contracter un nouveau mariage aussitôt après le divorce. (1)

Art. 32. — Si le mari ou la femme divorcés contractent un nouveau mariage, le conseil de famille, ou, en cas d'appel, la Chambre des Référés, réglera s'ils conserveront les enfants qui leur avaient été confiés, et à qui ils seront remis.

Art. 33. — Le divorce ne peut, en aucun cas, faire obstacle au rapprochement ultérieur des époux : ceux-ci pourront s'unir de nouveau par les liens du mariage.

Art. 34. — A l'avenir, aucune séparation de corps ne pourra être prononcée ; les époux ne pourront être désunis que par le divorce.

(1) Cette disposition est empruntée au Code de la Convention. Même observation pour l'article 32.

Dispositions transitoires.

Art. 35. — Les époux actuellement séparés de corps, auront la faculté de faire prononcer leur divorce. Le jugement de séparation tiendra lieu, pour eux, de toutes les formalités préliminaires ; ils n'auront à requérir de l'officier de l'état civil que les publications prescrites par les articles 5 et 6 de la présente loi. Une simple déclaration, signée des deux époux ou de l'un d'eux, et à laquelle demeurera joint un extrait du jugement de séparation, suffira ; cette déclaration sera faite de la manière indiquée en l'article ci-dessus. Les publications pourront avoir lieu immédiatement.

Art. 36. — Toutes les instances en séparation de corps, pendantes au moment de la promulgation de la présente loi, seront immédiatement et de plein droit suspendues. Les époux n'y pourront donner suite qu'en les transformant, soit de consentement commun, soit à la diligence de l'un d'eux, en une demande de divorce.

CONCLUSION.

—

Et maintenant, que le sentiment public prononce !

Il va sans dire que je n'ai pas la prétention d'avoir écrit une œuvre parfaite, — même dans les conditions de réserve extrême, de respect pour la législation actuelle, que j'ai cru devoir m'imposer. Livré à mes seules forces, j'ai pu, j'ai dû commettre un certain nombre d'erreurs. Peut-être découvrira-t-on des lacunes que je n'ai pas vues ; peut-être quelques contradictions me sont-elles échappées, malgré le soin que j'ai mis à les éviter ; peut-être aussi trouvera-t-on que, sans sortir du programme tracé, certaines formalités pouvaient être simplifiées ou tout à fait supprimées.

Ce sera l'œuvre de la critique de redresser les imperfections du Projet qui lui est soumis.

Mais il est une objection capitale au-devant de laquelle je veux aller dès aujourd'hui.

Je prévois qu'on me reprochera de n'avoir pas maintenu la faculté de recourir à la séparation de corps.

C'était, — ainsi qu'on le verra plus loin, — le système de la loi de 1803.

Il se peut, en effet, que deux époux jugent la vie commune insupportable, mais refusent cependant, par scrupule de conscience ou pour toute autre cause, de recourir au divorce. Devons-nous condamner ces malheureux à une existence de damnés? Allons-nous les placer entre la dure obligation de violer les prescriptions de leur foi religieuse, ou de se courber sous le poids d'un joug odieux ?

La question, certes, est délicate, et je souhaiterais fort, pour ma part, qu'il fût possible d'y porter remède.

Mais la loi civile ne peut renfermer de dispositions contraires à l'ordre public et aux bonnes mœurs.

Or, la loi de séparation revêt malheureusement ce double caractère:

Elle est contraire aux bonnes mœurs, puisqu'elle provoque l'adultère;

Elle est contraire à l'ordre public, puisqu'elle a pour effet de jeter dans le milieu social un nombre incalculable de *bâtards* et *d'adultérins*.

Nous n'avons pas le droit, pour complaire à une Communion religieuse, si importante qu'elle soit, d'introduire dans nos lois des prescriptions immorales.

Prenons un exemple :

L'islamisme est une religion fort répandue en Afrique et dans l'Orient. Un grand nombre de mahométans viennent se fixer en France et dans nos possessions françaises. Beaucoup s'y établissent définitivement. Faudra-t-il, à cause d'eux, et par respect pour leur foi, autoriser chez nous la polygamie?

Allons-nous ajouter au *Titre du Mariage* (Titre V du code civil), une série d'articles nouveaux, ayant pour but de déterminer, le Coran à la main, les conditions dans lesquelles un musulman français, déjà marié, pourra épouser une seconde et une troisième femme?

Evidemment, non.

Or, s'il nous suffit que la polygamie soit contraire aux bonnes mœurs, pour que nous la repoussions de nos Codes, nous en devons faire autant de la séparation de corps qui, non seulement porte atteinte aux bonnes mœurs, mais — par dessus le marché — met en péril l'ordre public.

La loi peut faire aux idées religieuses toutes les concessions raisonnables. Je dirai même que c'est son devoir strict, étant donné le principe de la liberté de conscience. Mais on voudra bien m'accorder qu'il est des limites qu'elle ne peut ni ne doit dépasser.

Voilà pourquoi le système de la séparation doit être à jamais effacé de nos Codes.

APPENDICE

APPENDICE

Il ne peut être que fort utile, comme complément de cette modeste étude, de mettre sous les yeux du lecteur tous les documents de nature à l'éclairer sur les phases diverses qu'a traversées notre législation relativement au divorce.

On trouvera donc ci après :

1° Le texte de la loi du 20 septembre 1792, qui introduisit pour la première fois le divorce en France.

2° Un extrait du rapport fait à la Convention nationale, par Cambacérès, au nom du comité de législation, dans la séance du 9 avril 1793.

3° Un extrait du code civil de la Convention, comprenant toute la partie relative au Divorce (Titre VI).

4° L'Exposé des motifs de la loi de 1803, présenté par le conseiller d'Etat Treilhard.

5° Un extrait du rapport relatif à la même loi, fait au Tribunat, le 27 ventôse an XI, par le citoyen Savoye-Rollin, au nom de la section de législation.

6° Un extrait du discours prononcé le 23

ventôse an XI, au corps législatif, par le citoyen Treilhard, en faveur du projet de loi.

7° Un extrait du discours prononcé dans la même discussion, le 30 ventôse, par le citoyen Gillet, l'un des orateurs du Tribunat.

8° Le texte entier de la loi du 21 mai 1803, (promulguée le 31 du même mois), et qui formait le Titre VI du Livre 1er du Code Napoléon.

9° La courte loi du 3 mai 1816, abrogative du divorce.

10° Quelques renseignements sur les tentatives faites après 1830, pour le rétablissement du divorce.

11° Le rapport (1831) de M. Odilon Barrot.

12° Enfin de brèves indications relatives à la proposition déposée en 1848, sur le bureau de l'Assemblée constituante, par M. Crémieux, alors ministre de la Justice.

Tous ces documents sont officiels.

ANNEXE N° 1.

LOI DU 20 SEPTEMBRE 1792
SUR LE DIVORCE

—

L'Assemblée nationale, considérant combien il importe de faire jouir les Français de la faculté du divorce, qui résulte de la liberté individuelle dont un engagement indissoluble serait la perte ; considérant que déjà plusieurs époux n'ont pas attendu, pour jouir des avantages de la disposition constitutionnelle suivant laquelle le mariage n'est qu'un contrat civil, que la loi eût réglé les effets du divorce, décrète ce qui suit :

—

Art. 1er. — Le mariage se dissout par le divorce.

Art. 2. — Le divorce a lieu par le consentement mutuel des époux.

Art. 3. — L'un des époux peut faire prononcer le divorce, sur la simple allégation d'incompatibilité d'humeur ou de caractère.

Art. 4. — Chacun des époux peut également faire prononcer le divorce sur des motifs déterminés, savoir : 1o Sur la démence, la folie ou la fureur de l'un des époux ; 2o sur la condamnation de l'un d'eux à des peines afflictives ou infâmantes ; 3° sur les crimes, sévices ou injures graves de l'un envers l'autre ; 4° sur le déréglement de mœurs notoire ; 5° sur l'abandon de la femme par le mari, ou du mari par la femme, pendant deux ans au moins ; 6° sur l'absence de l'un d'eux, sans nouvelles au moins pendant cinq ans ; 7° sur l'émigration dans les cas prévus par les lois, notamment par le décret du 8 avril 1792.

Art. 5. — Les époux maintenant séparés de corps par jugement exécuté, ou en dernier ressort, auront mutuellement la faculté de faire prononcer leur divorce.

Art. 6. — Toute demande en séparation de corps non jugée, est éteinte et abolie : chacune des parties paye ses frais. Les jugements de séparation non exécutés, ou attaqués par appel ou par voie de la cassation, demeurent comme non avenus ; le tout sauf aux époux à recourir à la voie du divorce, aux termes de la présente loi.

Art. 7. — A l'avenir, aucune séparation de corps ne pourra être prononcée ; les époux ne pourront être désunis que par le divorce.

ANNEXE Nº 2.

RAPPORT

Fait à la Convention nationale
PAR CAMBACÉRÈS
Au nom du comité de législation
SUR LE PREMIER PROJET DE CODE CIVIL. (1)

. . . . (2)

La Constitution a fixé les droits politiques des Français.

C'est à la législation qu'il appartient de régler leurs droits civils. . . . . .

Les rapports établis entre les individus qui composent la société constituent l'état des personnes.

La législation doit donc régler les dispositions et les formes des naissances, des mariages, des divorces, et des décès. L'homme naît et meurt à la patrie ; la société doit le suivre dans les principales époques de sa vie.

(1) C'est à M. Emile Acollas que nous devons de posséder le texte de ce Rapport et celui du Code civil de la Convention ; le savant professeur les a publiés *in extenso* à la suite de son ouvrage intitulé: *Nécessité de refondre l'ensemble de nos codes.*

(2) Nous reproduisons seulement les passages qui se rattachent aux rapports entre époux et au divorce.

Le pacte matrimonial doit son origine au droit naturel ; il a été perfectionné et fortifié par les institutions sociales ; la volonté des époux en fait la substance ; le changement de cette volonté en opère la dissolution ; de là le principe du divorce, établissement salutaire longtemps repoussé de nos mœurs par l'effet d'une influence religieuse, et qui deviendra plus utile par l'attention que nous avons eue de simplifier la procédure qu'il nécessite, et d'abréger les délais qu'il prescrit.

Les conventions matrimoniales subsistent par la volonté des parties ou par l'autorité de la loi.

La volonté des contractants est la règle la plus absolue ; elles ne connaît d'autres bornes que celles qui sont placées par l'intérêt général. Ainsi, les époux ne peuvent, dans le pacte matrimonial, ni éluder les mesures arrêtées pour opérer la division des fortunes, ni contrevenir au principe qui a consacré l'égalité dans les partages.

La loi fixera les règles simples dérivant de la nature même du mariage ; elle consacrera la communauté des biens comme le mode le plus conforme à cette union intime, à cette unité d'intérêt, fondement inaltérable du bonheur des familles.

Les mêmes motifs nous ont fait adopter l'usage de l'administration commune. Cette innovation éprouvera peut-être des critiques: elles auront leur réponse dans le principe d'égalité qui doit régler tous les actes de notre organisation sociale, et dans notre intention d'empêcher ces engagements indiscrets qui ruinaient souvent la fortune des deux époux, amenaient la division intestine, les chagrins et la misère.

Après avoir considéré le mariage sous l'aspect des rapports qu'il établit entre époux, il nous restait à le considérer comme la tige des liens qui doivent unir les enfants et les auteurs de leur existence.

La voix de la raison s'est fait entendre ; elle a dit : il n'y a plus de puissance paternelle ; c'est tromper la nature que d'établir des droits par la contrainte.

Surveillance et protection : voilà les droits des parents ; nourrir et élever, établir leurs enfants, voilà leurs devoirs.

. . . .

La bâtardise doit son origine aux erreurs religieuses et aux invasions féodales ; il faut donc la bannir d'une législation conforme à la nature. Tous les hommes sont égaux devant elle ; pourquoi laisseriez-vous subsister une différence entre ceux dont la condition devrait être la même ?

Nous avons mis au même rang tous les enfants qui seront reconnus par leur père ; mais en faisant un acte que la justice réclamait, nous avons dû prévenir les fraudes et les vexations. Ces motifs nous ont déterminés à exiger que la déclaration du père fût toujours soutenue de l'aveu de la mère, comme le témoin le plus incontestable de la maternité. Nous avons résolu aussi d'écarter ces formes inquisitoriales longtemps pratiquées dans l'ancienne jurisprudence ; et nous refusons toute action qui aurait pour objet de forcer un individu à reconnaître un enfant qu'il ne croit pas lui appartenir.

ANNEXE N° 3.

CODE CIVIL

—

LIVRE PREMIER
DE L'ÉTAT DES PERSONNES.

—

TITRE I.
Dispositions générales.

Art. 4. — Les mariages, naissances, *divorces*, adoptions et décès, sont constatés dans les registres publics.

TITRE II.
Du mariage.

Art. 2. — Le mariage peut être dissous par la seule volonté persévérante des époux.

TITRE III.
Du droit des époux.

1ᵉʳ. — *Des conventions matrimoniales.*

Art. 5. — La loi défend aussi de stipuler aucune restriction à la faculté du divorce.

TITRE V.
Des rapports entre les pères et mères et leurs enfants.

Art. 2. — Le principal devoir des pères et mères, après avoir nourri et élevé leurs enfants, est de leur apprendre ou faire apprendre un métier d'agriculture ou d'art mécanique.

TITRE VI.

Du Divorce.

§ 1er. — DISPOSITIONS GÉNÉRALES.

Art. 1er. — Le mariage se dissout par le divorce.

Art. 2. — Le divorce a lieu par le consentement mutuel des deux époux, ou par la volonté d'un seul.

§ 2. — MODE DU DIVORCE.

Art. 3. — Le mari et la femme qui demanderont conjointement le divorce, seront tenus de faire convoquer un conseil de famille composé de six de leurs parents.

Trois d'entre eux seront choisis par le mari, les trois autres le seront par la femme, et, à leur défaut, ils seront remplacés par des amis ou des voisins

Art. 4. — Le conseil de famille aura lieu devant un officier public, il sera convoqué à jour fixe, quinzaine au moins après la notification de la demande.

Art. 5. — Les époux se présenteront devant le conseil de famille ; ceux qui le composeront leur feront les représentations qu'ils jugeront convenables.

Si les époux persistent, ils pourront, quinze jours après, présenter le procès-verbal du conseil de famille à l'officier public qui prononcera le divorce.

Art. 6. — Si le divorce est demande par un

seul des époux, il notifiera à l'autre sa demande, et convoquera le conseil de famille.

Art. 7. — Si les époux se rendent au conseil de famille et si celui qui demande le divorce ne change pas de dessein, il en sera fait mention dans le procès-verbal, et quinze jours après, sur la présentation de cet acte, l'officier public prononcera le divorce.

Art. 8. — Si l'époux contre lequel le divorce est demandé, n'a pas paru ni personne de sa part, au conseil de famille, l'officier public nommera pour lui des parents ; et après avoir notifié cette nomination, il sera indiqué, quinze jours après, une nouvelle assemblée du conseil ; l'époux sera invité à s'y trouver.

Art. 9. — Dans tous les cas, il sera fait par le conseil de famille de nouvelles représentations à l'époux qui avait demandé le divorce ; si elles n'ont aucun effet, le procès-verbal en fera mention.

Sur le vu de cet acte, le divorce sera prononcé sur-le-champ.

Art. 10. — Si les deux époux ne font pas prononcer le divorce pendant les dix mois qui suivront ces formalités, ils ne le pourront plus, sans les remplir de nouveau et sans observer les mêmes délais.

Art. 11. — Dans le cas où l'époux demandeur alléguerait pour motif de divorce l'une des causes suivantes :

1° La démence ou la fureur ;

2° Une condamnation à peine afflictive ou infamante ;

3° Des crimes ou de mauvais traitements de la part de l'autre époux envers lui ;

4° Le déréglement notoire des mœurs ;

5° La fuite de la maison conjugale par femme avec un autre homme, ou par le mar avec une autre femme ;

6° L'expatriation pendant deux ans sans nouvelles ;

7° L'émigration, dans le cas où celui des époux qui ne serait prévenu, n'aurait pas réclamé contre les listes, définitivement arrêtées, sur lesquelles il aurait été porté.

Si les faits sont constatés, l'officier public prononcera le divorce sur la réquisition d'un des deux époux, après néanmoins qu'il lui aura apparu que la demande en divorce aura été notifiée à l'autre époux s'il n'est pas absent.

Art. 12. — Dans le cas où les faits ne seraient pas prouvés, le demandeur en divorce pourra convoquer le conseil de famille, en observant de faire nommer trois parents par l'officier public pour l'autre époux, s'il est absent ; et si les faits sont reconnus par une délibération unanime, le divorce sera prononcé sur la réprésentation du procès-verbal du conseil de famille.

Art. 13. — Dans le cas où les faits ne seraient pas reconnus, l'époux sera obligé d'attendre les délais fixés par les articles 4, 5, 6, 7, 8, 9 et 10 ci-dessus.

Art. 14. — Celui des époux qui provoquera le divorce, pourra, dès qu'il aura notifié sa demande, faire constater l'état et la situation de la communauté, et faire les actes conservatoires que les circonstances exigeront.

§ 3. — EFFETS DU DIVORCE PAR RAPPORT AUX ÉPOUX.

Art. 15. — Les effets du divorce par rapport à

la personne des époux, sont de rendre au mari et à la femme leur indépendance, avec la fa. culté de contracter un nouveau mariage.

Art. 16. — Les époux divorcés peuvent se remarier ensemble. L'épouse nc pourra se remarier avec un autre, que dix mois après le divorce, à moins qu'elle ne soit dans le cas prévu par l'article 9 du titre IV. (1)

Art. 17. — Si le divorce a été prononcé pour cause d'absence du mari pendant deux ans, ou s'il est constaté que le mari ait abandonné depuis un an son domicile et sa femme, celle-ci pourra contracter un nouveau mariage aussitôt après le divorce.

Art. 18. — Dans le cas de divorce, si l'un des époux est dans l'indigence, l'autre est obligé, s'il le peut, à lui fournir les aliments qu'il est hors d'état de se procurer. Cette obligation cesse lorsque celui-ci a contracté un nouveau mariage.

§ 4. — EFFETS DU DIVORCE PAR RAPPORT AUX ENFANTS.

Art. 19. — Dans le cas du divorce par consentement mutuel ou sur la simple demande de l'un des époux, sans indication des motifs, les enfants nés du mariage dissous seront confiés, savoir : les garçons, de préférence, au père, après qu'ils auront atteint leur septième année, et les filles à la mère. Néanmoins le père

(1) Voici le texte de cet article : — « Nul enfant ne peut être reconnu valablement par un père engagé dans le lien du mariage à l'époque de la conception, à moins qu'il n'épouse la mère après la dissolution de ce mariage, et avant la naissance de 'enfant. »

et la mère pourront faire à ce sujet tel autre arrangement que bon leur semblera.

Art. 20. — Lorsque le divorce aura lieu pour cause déterminée, s'il suscitait quelques difficultés entre les époux relativement à leurs enfants, il y sera pourvu par le conseil de famille.

Art. 21. — Si le mari ou la femme divorcée contractent un nouveau mariage, le conseil de famille règlera s'ils conserveront les enfants qui leur auront été confiés, et à qui ils seront remis.

Les jugements rendus par le conseil de famille sur les difficultés élevées entre les époux, après le divorce, ne sont, en aucun cas, sujets à l'appel.

ANNEXE Nº 4.

—

EXPOSÉ DES MOTIFS

DU

TITRE VI DU CODE CIVIL

Par le Conseiller d'Etat TRELHARD

—

Citoyens Législateurs,

Le Gouvernement n'a pas dû se dissimuler les difficultés d'une loi sur le divorce; l'intérêt, les passions, les préjugés, les habitudes, des motifs encore d'un autre ordre, toujours respectables par la source même dont ils émanent, présentent, s'il est permis de le dire, à chaque pas, des ennemis à combattre: tous ces obstacles, le gouvernement les a prévus, et il a dû se flatter de les vaincre, parce que son ouvrage ne doit être offert ni à l'esprit de parti, ni à des passions exaltées, mais à la sagesse d'un corps politique placé au-dessus du tourbillon des intrigues, qui sait embrasser d'un coup d'œil l'ensemble d'une institution et consacrer de grands résultats quand ils offrent beaucoup plus d'avantages que d'inconvénients.

C'est dans cette conviction que je présenterai les motifs du projet de loi sur le divorce, et sans en discuter chaque article en particulier, je m'attacherai aux grandes bases. Leur sagesse une fois prouvée, tout le reste en deviendra la conséquence nécessaire.

Faut-il admettre le divorce? Pour quelles causes? Dans quelles formes? Quels seront ses effets?

Faut il admettre le divorce?

Vous n'attendez pas que, cherchant à résoudre cette grande question par les autorités, je fasse ici l'énumération des peuples qui ont admis ou rejeté le divorce; que je recherche péniblement s'il a été pratiqué en France dans les premiers âges de la monarchie, et à quelle époque l'usage en a été interdit: je ne dirais rien qui fût nouveau pour vous, et tout le monde doit sentir qu'une question de cette nature ne peut pas se résoudre par des exemples.

L'autorisation du divorce serait inutile, déplacée, dangereuse chez un peuple naissant, dont les mœurs pures, les goûts simples assureraient la stabilité des mariages, parce qu'elles garantiraient le bonheur des époux.

Elle serait utile, nécessaire, si l'activité des passions, et le dérèglement des mœurs pouvaient entraîner la violation de la foi promise et les désordres incalculables qui en sont la suie.

Elle serait inconséquente chez un peuple qui n'admettrait qu'un seul culte, s'il pensait que ce culte établit d'une manière absolue l'indissolubilité du mariage.

Ainsi, la question doit recevoir une solution différente, suivant le génie et les mœurs des peuples, l'esprit des siècles, et l'influence des idées religieuses sur l'ordre politique.

C'est pour nous, dans la position où nous sommes, que la question s'agite ; pour un peuple dont le pacte social garantit à chaque individu la liberté du culte qu'il professe, et dont le code civil ne peut par conséquent recevoir l'influence d'une croyance particulière.

Déjà, vous voyez que la question doit être envisagée sous un point de vue purement politique. Les croyances religieuses peuvent différer sur beaucoup de points ; il suffit pour le législateur qu'elles s'accordent sur un article fondamental, sur l'obéissance due à l'autorité légitime : du reste, personne n'a le droit de s interposer entre la conscience d'un autre et la divinité, et le plus sage est celui qui respecte le plus tous les cultes.

La question du divorce doit donc être discutée, abstraction faite de toute idée religieuse ; et elle doit cependant être décidée de manière à ne gêner aucune conscience, à n'enchaîner aucune liberté ; il serait injuste de forcer le citoyen dont la croyance repousse le divorce, à user de ce remède, il ne le serait pas moins d'en refuser l'usage quand il serait compatible avec la croyance de l'époux qui le sollicite.

Nous n'avons donc qu'une question à examiner; dans l'état actuel du peuple français, le divorce doit-il être permis?

Nous ne connaissons pas d'acte plus solennel que celui du mariage. C'est par le mariage que les familles se forment et que la société se perpétue: voilà une première vérité sur laquelle je pense que tout le monde est d'accord, de quelque opinion qu'on puisse être d'ailleurs, sur la question du divorce.

C'est encore un point également incontestable, que de tous les contrats, il n'en est pas un seul dans lequel on doive plus désirer l'intention et le vœu de la perpétuité de la part de ceux qui contractent.

Il n'est pas et il ne doit pas être moins universellement reconnu, que la légèreté des esprits, la perversité du cœur, la violence des passions, la corruption des mœurs ont trop souvent produit dans l'intérieur des familles des excès tels, que l'on s'est vu forcé de permettre de fait la rupture d'union qu'on regardait cependant comme indissoluble de droit; les monuments de la jurisprudence, qui sont sont aussi le dépôt des faiblesses humaines, n'attestent que trop cette triste vérité.

Voilà notre position; je demande actuelement si l'on peut raisonnablement espérer, par quelque institution que ce puisse être, de remédier si efficacement et si promptement au désordre, que l'on n'ait plus besoin du remède; si l'on peut trouver le moyen d'assortir si parfaitement les unions conjugales, d inspirer si fortement aux époux le sentiment et l'amour de leurs devoirs respectifs, qu'on doive se flatter qu'ils ne s'en écarteront plus dans la suite, et qu'ils ne nous rendront plus les témoins de ces scènes atroces, de ces scandales révoltants qui durent forcer si impérieusement la séparation de deux époux. Ah ! sans doute, si l'on peut, par quelque loi salutaire, épurer tout-à coup l'espèce humaine, on ne saurait trop se hâter de donner ce bienfait au monde. Mais s'il nous est défendu de concevoir de semblables espérances, si elles ne peuvent naître, même dans l'esprit de ceux qui jugent l'humanité avec la prévention la plus indulgente; il ne nous reste plus que le choix du remède à appliquer au mal que nous ne saurions extirper.

Voilà la question réduite à son vrai point: Faut-il préférer au divorce l'usage ancien de la séparation de corps? Faut-il préférer à l'usage de la séparation celui du divorce? Ne convient-il pas de laisser aux citoyens la liberté d'user de l'une ou l'autre voie?

Ecartons, avant tout et avec le même soin, les déclamations que se sont permises des esprits exaltés dans l'un et l'autre parti: la vérité et la sagesse se trouvent rarement dans les extrêmes.

Les uns ont parlé du divorce comme d'une institution presque céleste et qui allait tout purifier; les autres en ont parlé comme d'une institution infernale et qui achèverait de tout corrompre ; ici le divorce est le triomphe, là c'est la honte de la raison. Si nous croyons ceux-ci, l'admission du divorce déshonorera le code ; ceux-là prétendent que son rejet laissera ce même code dans un état honteux d'imperfection ; le législateur ne se laisse pas surprendre par de pareilles exagérations.

Le divorce en lui-même ne peut pas être un bien ; c'est le remède d'un mal. Le divorce ne doit pas être signalé comme un mal, s'il peut être un remède quelquefois nécessaire.

Doit-il être politiquement préféré à la séparation ? Voilà la seule question, puisqu'il est reconnu et incontestable que la loi doit offrir à des époux outragés, maltraités, en péril de leurs jours, des moyens de mettre à couvert leur honneur et leur vie.

Le mariage, comme tous les autres contrats, ne peut se former sans le consentement des parties : ce consentement en est la première condition, la condition la plus impérieusement exigée, sans ce consentement il n'y a pas de mariage.

On ne doit cependant pas confondre le contrat de mariage avec une foule d'autres actes qui tirent aussi leur existence du consentement des parties, mais qui n'intéressant qu'elles, peuvent se dissoudre par une volonté contraire à celle qui les a formés.

Le mariage n'intéresse pas seulement les époux qui contractent; il forme un lien entre deux familles, et il crée dans la société une famille nouvelle qui peut elle-même devenir la tige de plusieurs autres familles : le citoyen qui se marie devient époux, il deviendra père ; ainsi s'établissent de nouveaux rapports que les époux ne sont plus libres de rompre par leur seule volonté : la question du divorce doit être examinée dans les rapports des époux entre eux, dans leurs rapports avec les enfants, dans leurs rapports avec la société.

Le divorce rompt le lien conjugal ; la séparation laisse encore subsister ce lien ; à cela près les effets de l'un et de l'autre sont peu différents : cette union des personnes, cette communauté de la vie qui forme si essentiellement le mariage n'existent plus ; les jugements de séparation prononçaient toujours des défenses expresses au mari de hanter et fréquenter sa femme. Quel est donc l'effet de cette conservation apparente du lien conjugal dans les séparations, et pourquoi retenir encore le nom avec tant de soin, lorsqu'il est évident que la chose n'existe plus ? Le vœu principal du mariage n'est-il pas trompé ? N'est-il pas vrai que l'époux n'a réellement plus de femme, que la femme n'a plus de mari ? Quel est donc encore une fois l'effet de la conservation du lien ?

On interdit à deux époux, devenus célibataires de fait, tout espoir d'un lien légiti-

me, et on laisse subsister entre eux une
communauté de nom qui fait encore rejaillir sur l'un le déshonneur dont l'autre peut
se couvrir. Nous n'avons que trop vu les
funestes conséquences de cet état, et le
passé nous annonce ce que nous devrions en
attendre pour l'avenir.

Cependant l'un des époux était du moins
sans reproche ; il avait été séparé comme
une victime de la brutalité ou de la débauche : fallait-il l'offrir une seconde fois en
sacrifice par l'interdiction des sentiments les
plus doux et les plus légitimes ? L'époux
même dont les excès avaient forcé la séparation ne pouvait-il pas mériter quelque intérêt ? Etait-il impossible que, mûri par l'âge
et par la réflexion, il pût trouver une compagne qui obtiendrait de lui cette affection
si constamment refusée à la première ? .

Certes, si nous ne considérons que la personne des deux époux, il est bien démontré que le divorce est pour eux préférable
à la séparation.

Je ne connais qu'une objection ; on la tire
de la possibilité d'une réunion : mais, je le
demande, combien de séparations a vu le
siècle dernier, et combien peu de rapprochements ! Comment pourraient-ils s'effectuer,
ces rapprochements ?

La demande en séparation suppose déjà
des esprits extraordinairement ulcérés ; la
discussion, par sa nature, augmente encore
la malignité du poison. Le règlement des

intérêts pécuniaires, après la séparation, lui fournit un nouvel aliment.

Enfin, chacun des époux, isolé, en proie aux regrets, quelquefois aux remords, éprouvant le désir bien naturel de remplir le vide affreux qui l'environne, et cependant sans espoir de former une union qu'il pourra avouer, forcé en quelque manière de courir après les distractions par le besoin pressant de se fuir lui-même, se trouve insensiblement entraîné dans la dissipation, et dans tous les désordres qu'elle mène à sa suite.

A Dieu ne plaise que je prétende que ce tableau soit celui de tous les époux séparés ! je dis seulement que l'impossibilité de former un nouveau lien les expose à toutes les espèces de séductions, qu'il faut pour résister à des dangers si pressants, un effort peu commun et dont peu de personnes sont capables, et que l'interdiction d'un lien légitime a souvent plongé sans retour nombre de victimes dans les mauvaises mœurs.

J'ajoute qu'il n'y a presque pas d'exemples de réunions entre deux époux séparés, et que ces réunions furent quelquefois plus scandaleuses que la séparation même; l'on a vu au contraire plusieurs fois, dans les lieux où le divorce était admis, deux êtres infortunés, victimes l'un et l'autre, tant qu'ils furent unis, de la violence des passions, former après leur divorce des mariages qui, s'ils ne furent pas toujours parfaitement heureux, du moins ne furent suivis d'aucun éclat, ni d'aucun signe extérieur de repentir.

J'en tire cette conséquence que, pour les époux, le divorce est sans contredit préférable à la séparation.

Mais les enfants, les enfants, que deviendront-ils après le divorce ? Je demandrai à mon tour que deviennent-ils après les séparations ?

Sans doute le divorce ou la séparation des pères forment dans la vie des enfants une époque bien funeste ; mais ce n'est pas l'acte de divorce ou de séparation qui fait le mal, c'est le tableau hideux de la guerre intestine qui a rendu ces actes nécessaires.

Au moins les époux divorcés auront encore le droit d'inspirer pour leur personne un respect et des sentiments qu'un nouveau nœud pourra légitimer ; ils ne perdront pas l'espoir d'effacer par le tableau d'une union plus heureuse les fatales impressions de leur union première, et n'étant pas forcés de renoncer au titre honorable d'époux, ils se préserveront avec soin de tout écart qui pourrait les en rendre indignes.

C'est peut-être ce qui peut arriver de plus heureux pour les enfants ; l'affection des pères se soutiendra bien plus sûrement dans la sainteté d'un nœud légitime, que dans les désordres d'une liaison illicite, auquel il est si difficile d'échapper quand on n'a plus droit de prétendre aux honneurs du mariage.

Mais, dit-on, les lois ont toujours regardé d'un œil défavorable les secondes noces ; je

n'examinerai pas si cette défaveur est fondée
sur des raisons sans réplique, ou si au contraire, dans une foule d'occasions, un second
mariage ne fut pas pour les enfants un grand
acte de tendresse ; j'observe seulement qu'il
ne s'agit point ici d'une épouse à qui la mort
a ravi son protecteur et son ami, et dont le
cœur, plein de ses premiers sentiments, repousse avec amertume toute idée d'une affection nouvelle.

Il s'agit d'époux dont les discordes ont éclaté, dont tous les souvenirs sont amers, qui,
éprouvant le besoin de fuir pour ainsi dire
leur vie passée, et de se créer une nouvelle
existence, se précipiteront trop souvent dans
le vice, si les affections légitimes leur sont
interdites.

Le véritable intérêt des enfants est de voir
les auteurs de leurs jours, heureux, dignes
d'estime et de respect, et non pas de les trouver isolés, tristes, éprouvant un vide insupportable, ou comblant ce vide par des jouissances qui ne sont jamais sans amertume,
parce qu'elles ne sont jamais sans remords.

Quant à la société, il est hors de doute
que son intérêt réclame le divorce, parce que
les époux pourront contracter dans la suite de
nouvelles unions : pourquoi frapperait-elle
d'une fatale interdiction des êtres que la nature avait formés pour éprouver les plus doux
sentiments de la paternité. Cette interdiction
serait également funeste et aux individus et
à la société : aux individus, qu'elle condamne

à des privations qui peuvent êtres méritoires quand elles sont volontaires, mais qui sont trop amères quand elles sont forcées; à la société, qui se trouve ainsi appauvrie de nombre de familles dont elle eût pu s'enrichir.

Les formes, les épreuves dont le divorce sera environné pourront en prévenir l'abus: espérons que le nombre des époux divorcés ne sera pas grand; mais enfin, quelque peu considérable qu'il soit, ne serait-il pas également injuste et impolitique de les laisser toujours victimes, de changer seulement l'espèce du sacrifice? et lorsque l'Etat peut légitimement attendre d'eux des citoyens qui le défendront, qui l'honoreront peut-être, faut-il étouffer un espoir si consolant?

Toute personne sans passion et sans intérêt sera donc forcée de convenir que le divorce, qui, brisant le lien, laisse la possibilité d'en contracter un nouveau, est préférable à la séparation qui, ne conservant du lien que le nom, livre deux époux à des combats perpétuels et dont il est si difficile de sortir toujours avec avantage.

Il faut donc admettre le divorce.

Mais le pacte social garantit à tous français la liberté de leur croyance : des consciences délicates peuvent regarder comme un précepte impérieux l indissolubilité du mariage ; si le divorce était le seul remède offert aux époux malheureux, ne placerait-on pas des citoyens dans la cruelle alternative de fausser leur croyance ou de succomber sous un joug qu'ils ne pourraient plus supporter ? Ne les mettrait-on pas dans la dure nécessité d'opter entre une lâcheté ou le malheur de toute leur vie?

Nous aurions bien mal rempli notre tâche, si nous n'avions pas prévu cet inconvénient: en permettant le divorce, la loi laissera l'usage de la séparation; l'époux qui aura le droit de se plaindre, pourra former à son choix l'une ou l'autre demande : ainsi nulle gêne dans l'opinion, et toute liberté à cet égard est maintenue.

Cependant il ne serait pas juste que l'époux qui a choisi comme plus conforme à sa croyance, la voie de séparation, dût maintenir pour toujours l'autre époux dont la croyance peut n'être pas la même, dans une interdiction absolue de contracter un second mariage. Cette liberté, que la constitution garantit à tous, se trouverait alors violée dans la personne de l'un des époux ; il a donc fallu autoriser celui-ci, après un certain intervalle, à demander que la séparation soit convertie en divorce, si l'époux qui a fait prononcer cette séparation ne consent pas à la faire cesser; et c'est ainsi que se trouvent conciliés, autant qu'il est possible, deux intérêts également sacrés ; la sûreté des époux d'un côté, et la liberté religieuse de l'autre.

Après avoir établi la nécessité d'admettre le divorce, je dois parler des causes qui peuvent le motiver.

Le projet de loi en indique quatre : 1° l'adultère ; 2° les excès, sévices ou injures graves ; 3° la condamnation à une peine infamante ; 4° le consentement mutuel et persévérant des époux, exprimé de la manière prescrite sous les conditions et après les épreuves requises.

En admettant le divorce, il fallait éviter également deux excès opposés : celui d'en restreindre tellement les causes, que le recours fut fermé à des époux pour qui cependant le joug serait absolument insupportable, et celui de les étendre au point que le divorce pût favoriser la légèreté, l'inconstance, de fausses délicatesses ou une sensibilité déréglée : nous croyons avoir évité les deux excès avec le même soin.

L'adultère brise le lien en attaquant l'époux dans la partie la plus sensible : ses effets sont cependant bien différents chez la femme ou chez le mari ; c'est par ce motif que l'adultère du mari ne donne lieu au divorce lorsqu'il est accompagné d'un caractère particulier de mépris par l'établissement de la concubine dans la maison commune, outrage si sensible surtout aux femmes vertueuses.

Les excès, les sévices, les injures graves sont aussi des causes de divorce : il serait superflu d'observer qu'il ne s'agit pas de simples mouvements de vivacité, de quelques paroles dures échappées dans des instants d'humeur ou de mécontentement ; de quelques refus, même déplacés, de la part d'un des époux, mais de véritables excès, de mauvais traitements personnels, de sévices dans la rigoureuse acception de ce mot *sœvitia*, cruauté, et d'injures portant un grand caractère de gravité.

Les condamnations à une peine infamante motivent également une demande en divorce.

Forcer un époux de vivre avec un infamé, ce serait renouveler le supplice d'un cadavre attaché à un corps vivant.

Ces trois causes sont appelées des causes déterminées ; elles consistent en faits dont la preuve doit être administrée aux tribunaux, qui prononcent ensuite dans leur sagesse.

La quatrième cause, celle du consentement mutuel, n'est pas susceptible d'une preuve de cette nature ; mais on s'en formerait une bien fausse idée, et l'on calomnierait d'une étrange manière les intentions du gouvernement, si l'on pouvait penser qu'il a voulu que le contrat de mariage fût détruit par le seul consentement contraire de deux époux.

La simple lecture de l'article proposé en annonce l'esprit et la véritable intention.

« Le consentement mutuel et persévérant
« des époux, exprimé de la manière prescrite
« par la loi, sous les conditions et après les
« épreuves qu'elle détermine, prouvera suffi-
« samment que la vie commune leur est in-
« supportable, et qu'il existe par rapport à
« eux une cause péremptoire de divorce. »

Ainsi les conditions et les formes imposées doivent garantir l'existence d'une cause péremptoire : le consentement dont il est question ne consiste pas dans l'expression d'une volonté passagère; il doit être le résultat d'une position insupportable. Les épreuves garantiront la constance de cette volonté; la présence des pères en garantira la nécessité; les sacrifices auxquels les époux sont forcés donneront enfin de nouveaux gages de l'existence d'une cause absolue du divorce.

. Citoyens Législateurs, parmi les causes déterminées de divorce, il en est quelques-unes d'une telle gravité, qui peuvent entraîner de si funestes conséquences pour l'époux défendeur (telles par exemple, que les attentats à la vie), que des êtres doués d'une excessive délicatesse préféreraient les tourments les plus cruels, la mort même, au malheur de faire éclater ces causes par des plaintes judiciaires. Ne convenait-il pas pour la sûreté des époux, pour l'honneur des familles toujours compromis, quoi qu'on puisse dire, dans ces fatales occasions, pour l'intérêt même de toute la société, de ne pas forcer une publicité non moins amère pour l'innocent que pour le coupable.

L'honnêteté publique n'empêcherait-elle pas une femme à traîner à l échafaud son mari, quoique criminel? Faudrait-il aussi toujours et nécessairement pour terminer le supplice d'un mari infortuné, le contraindre à exposer au grand jour des torts qui l'ont blessé cruellement dans ses plus douces affections et dont la publicité le vouera cependant à la malignité publique ? L'injustice, sans doute, est ici du côté du public ; mais se trouve-il beaucoup d'hommes assez forts, assez courageux pour la braver ; est-on maître de détruire tout à coup ce préjugé, et ne faut-il pas aussi ménager un peu l'empire de cette opinion, quelquefois injuste, j'en conviens, mais qui peut aussi sur beaucoup de points atteindre et flétrir, quand elle est bien dirigée, des vices qui échappent aux poursuites des lois?

Si le divorce pouvait avoir lieu dans des cas semblables, sans éclat et sans scandale, ce serait un bien, on serait forcé d'en couvenir.

Que faudrait-il donc faire pour obtenir ce résultat ? Tracer un mode de consentement, prescrire des conditions, attacher des privations, vendre enfin, s'il est permis de le dire, vendre si chèrement le divorce qu'il ne puisse y avoir que ceux à qui il est absolument nécessaire, qui soient tentés de l'acheter.

Alors la conscience du législateur est tranquille ; il a fait pour les individus, il a fait pour la société, tout ce qu'on peut attendre de la prudence humaine ; et s'il ne peut pas s'assurer qu'on n'abusera jamais de cette institution, du moins il se rend le témoignage suffisant pour lui, que l'abus sera infiniment rare, et qu'il a atteint la seule espèce de perfection dont les établissements humains soient susceptibles.

Quelques personnes ont paru préférer le divorce pour incompatibilité d'humeur, au divorce par consentement mutuel : une réflexion bien simple suffira pour les ramener à notre projet.

Si l'allégation d'incompatibilité d'humeur avait été permise à un seul des époux, on se serait exposé au reproche fondé d'attacher la dissolution d'un contrat formé par le consentement de personnes, au seul repentir de l'un des deux contractants ; et, sous ce point de vue, la cause d'incompatibilité était susceptible des plus fortes objections.

Si, au contraire, on veut supposer que pour être admise, l'allégation d'incompatibilité eût dû être proposée par les deux époux, il est clair que cette cause rentrerait dans celle du consentement mutuel ; il n'y aurait que le nom de changé.

On a dit aussi que les vœux du législateur seraient presque toujours trompés, et que le coupable d'excès envers l'autre époux refuserait son consentement : ce refus est possible, il n'est pas vraisemblable.

Une femme convaincue d'adultère ne se trouverait-elle pas trop heureuse que, par un excès d'indulgence, l'époux consentît à cacher sa faiblesse ? Le conjoint coupable d'un attentat n'aurait-il pas le même intérêt ? Leur conscience n'est-elle pas leur premier juge? Et les proches parents, intéressés aussi à cacher des torts de famille, n'auraient-ils pas toutes sortes de moyens pour vaincre des résistances injustes? Enfin, si le coupable persistait dans ses refus insensés, l'autre époux serait toujours libre de former sa demande pour causes déterminées ; il aurait satisfait à tout ce que pouvait exiger de lui sa profonde délicatesse ; il pourvoirait ensuite à sa sûreté en recourant à l'autorité des tribunaux.

Il ne me reste plus sur cette partie, qu'à vous développer les précautions prises contre l'abus possible dans l'application de la cause de divorce pour consentement mutuel.

On a dû craindre la légèreté et l'inconstance, les travers passagers, les effets d'un simple dégoût, l'influence d'une passion étrangère ; toutes les dispositions du projet sont faites pour prévenir et pour calmer ces craintes.

D'abord, le consentement mutuel des époux ne sera pas admis si le mari a moins de 25 ans, et si la femme en a moins de 21 ; il ne sera pas admis avant le terme de deux ans de mariage ; il ne pourra plus l'être après le terme de 20 ans, et lorsque la femme en aurait 45.

La sagesse de ces dispositions ne peut pas être méconnue.

Il faut laisser aux époux le temps de se connaître et de s'éprouver : on ne doit donc pas recevoir leur consentement tant qu'on peut supposer qu'il est une suite de la légèreté de l'âge ; on doit le repousser encore lorsqu'une longue et paisible cohabitation atteste la compatibilité de leur caractère.

Une garantie plus forte contre l'abus se tire de la disposition qui exige un consentement authentique des père, mère et autres ascendants vivants. Lorsque deux familles entières, dont les intérêts et les affections sont presque toujours contraires, se réunissent pour attester la nécessité d'un divorce, il est bien difficile que le divorce ne soit pas en effet indispensable.

D'ailleurs, les deux époux, dans le cas particulier du divorce par consentement mutuel, ne pourront contracter un nouveau mariage que trois ans après la prononciation de l'acte qui aura dissous le premier : ainsi se trouve écartée la perspective d'une union avec l'objet de quelque passion nouvelle.

Enfin un intérêt d'une autre nature, mais non moins vif et non moins pressant, vient s'opposer encore à ce qu'on use de la voie du consentement mutuel, si elle n'est pas commandée également à l'un et à l'autre époux par les causes les plus irrésistibles : ils sont dépouillés de la moitié de leurs propriétés, qui passe de droit aux enfants.

Pouvait-on prendre plus de précautions, des précautions plus efficaces pour s'assurer que le consentement mutuel du mari et de la femme ne sera pas l'effet d'une molle complaisance, d'un caprice passager, mais qu'il sera fondé sur les motifs les plus graves, puisqu'il doit être accompagné de si fortes garanties, et qu'il doit être acheté par de si grands sacrifices ? Et supposera-t-on jamais un concert frauduleux entre deux époux, entre deux familles, pour appliquer un remède de cette violence, si en effet le mal ne surpasse pas les forces humaines?

Les formes de l'instruction augmenteront encore les garanties contre les surprises.

C'est en personne que les époux doivent faire leur déclaration devant le juge : ils écouteront ses observations, ils seront instruits par lui de toutes les suites de leur démarche.

Ils sont tenus de produire les autorisations authentiques de leurs père, mère ou autres ascendants vivants ; ils doivent renouveler leur déclaration en personne, trois fois, de trois mois en trois mois : il faudra représenter, à chaque fois, la preuve positive que les ascendants persistent dans leur autorisation, afin que les magistrats ne puissent avoir aucun doute sur la persévérance dans cette volonté.

Enfin, après l'expiration de l'année destinée à remplir toutes les formalités, on se représentera devant le tribunal, et sur la vérification la plus scrupuleuse de tous les actes, le divorce pourra être admis.

Je le répète, il était impossible de s'assurer de plus de manières et par des épreuves plus efficaces de la nécessité du divorce, quand il aura pour cause le consentement mutuel.

Je ne dissimule pas que quelques personnes, admettant d'ailleurs cette cause, désireraient qu'elle ne fut pas écoutée quand il existe des enfants du mariage ; mais cette exception serait dans le projet une grande inconséquence. On a introduit des formes et prescrit des conditions telles qu'on a lieu d'espérer que leur observation rigoureuse ne permettra pas même le plus léger doute sur l'existence d'une cause péremptoire de divorce. Pourquoi donc fermerait-on la voie du consentement mutuel, lorsque les époux ont des enfants ? Cette circonstance ne change en aucune façon leur position respective, et les motifs donnés pour justifier la mesure, ne s'appliquent pas moins directement au cas où il existe des enfants : quel intérêt peuvent-ils avoir plus pressant que celui de sauver d'un éclat fâcheux le nom qu'ils doivent porter dans le monde pour ne pas y entrer sous de fâcheux auspices ? D'ailleurs, la circonstance des enfants fournit elle-même un nouveau préservatif contre l'abus possible, puisque les époux se trouvent dépouillés de la moitié de leurs propriétés qui de droit est acquise aux enfants ?

En voilà assez, peut être trop, sur le consentement mutuel. Je me hâte de passer aux formes et aux effets du divorce pour causes déterminées.

Il fallait avant tout indiquer le tribunal où serait portée la demande : à cet égard, point de difficultés ; c'est au tribunal de l'arrondissement dans lequel les parties sont domiciliées qu'elles doivent se pourvoir.

Un chapitre entier du projet est ensuite destiné à tracer le cours de la procédure.

La marche de l'instruction d'une demande en divorce ne doit pas être confondue avec la marche de l'instruction d'une affaire ordinaire : en général, l'accès des tribunaux ne peut être trop facile ni la procédure trop rapide ; il n'en est pas de même en matière de divorce. Une sage lenteur doit donner aux passions le temps de se refroidir ; le divorce n'est tolérable que lorsqu'il est forcé, et la société gémit de l'admettre alors même qu'il est nécessaire : chaque pas dans l'instruction doit donc être un grand objet de méditation pour le demandeur, et pour le juge un nouveau moyen de pénétrer les motifs secrets, les véritables motifs d'une demande de cette nature, de s'assurer du moins que ces motifs sont réels et légitimes. Toutes les dispositions du projet relatives aux formes ont été rédigées en conséquence.

L'époux *en personne* doit présenter sa requête : point d'exception à cette règle ; la maladie même ne saurait eu affranchir : le juge, dans ce cas, se transporte chez le demandeur.

C'est surtout dans ce premier instant qu'il convient de faire sentir toute la gravité et toutes les conséquences de l'action. L'obligation en est imposée aux magistrats : il ordonne ensuite devant lui une comparution des parties, et ce n'est qu'après cet acte préliminaire que le tribunal entier peut accorder

une permission de citer ; encore pourra-t-il
suspendre, s'il le juge convenable, cette permission pendant un temps que la loi a dû
cependant limiter.

Une première audition des époux aura lieu
à huis-clos : ce n'est qu'à la dernière extrô-
mité que l'on donnera de l'éclat à la demande, et qu'elle sera renvoyée en audience publique : là seront pesées toutes les preuves ; si
elles ne sont pas complètes, il pourra en être
ordonné de nouvelles. Je crois inutile de
vous retracer en détail chaque disposition
de cette partie du projet ; je ne crains pas de
dire qu'il n'en est pas une seule qui ne doive
être regardée comme un bienfait de la loi,
parce que toutes ont pour objet, ou la réunion des esprits, ou la manifestation de la
vérité ; et telle a été la crainte d'une décision
trop légèrement prononcée, que le tribunal,
dans le cas d'action pour excès, sévices ou
injures, est autorisé à ne pas admettre immédiatement le divorce quoique la demande
soit bien établie, et qu'il peut soumettre les
époux à une année d'épreuves pour s'assurer
encore plus de la persévérante volonté de
l'époux demandeur, et qu'il ne peut y avoir
de sa part aucune espérance de retour.

Après cette longue instruction, le divorce
pourra être admis. On n'a pas dû refuser le
recours des parties au tribunal supérieur. Le
projet contient aussi sur ce point quelques articles, dont la seule lecture fait connaître les
motifs ; et lorsque le jugement est confirmé ;

deux mois sont donnés pour se pourvoir devant l'officier civil, à l'effet de faire prononcer le divorce; terme fatal, après lequel on ne peut plus se prévaloir des jugements, car, si dans le cours de l'instruction on n'a pu trop ralentir la marche de la procédure, lorsque toutes les épreuves sont faites, les démonstrations acquises et le jugement prononcé, on ne peut trop accélérer l'instant qui doit terminer pour toujours une affaire de cette nature.

En vous exposant la marche de la procédure, je n'ai pas dit qu'au jour indiqué pour l'audience publique le tribunal devait, avant de s'occuper du fonds, statuer sur les fins de non-recevoir qu'aurait proposées l'époux demandeur. La justice, dans tous les temps, accueillit avec faveur cette espèce d'exception contre des demandes qu'elle ne peut entendre qu'à regret.

La réconciliation de deux époux est toujours si désirable! c'est, sans contredit, le premier vœu de la société. Par la réconciliation, toute action pour le passé doit être éteinte, mais si de nouveaux torts pouvaient occasionner de nouvelles plaintes, ces griefs effaceraient tout l'effet de la réconciliation, comme elle aurait-elle-même effacé les premiers griefs: et l'époux maltraité, d'autant plus intéressant qu'il aurait montré plus d'indulgence, rentrerait alors dans tous ses droits.

Le projet de loi a dû encore s'occuper de

quelques mesures préliminaires auxquelles la demande en divorce pourrait donner lieu.

L'administration des enfants nous a paru devoir être provisoirement confiée au mari ; il a pour lui son titre, il est chef de la famille. Il n'était pas difficile cependant de prévoir que cette règle générale serait quelquefois susceptible d'exception ; il faut donc que le tribunal puisse en ordonner autrement sur la demande de la mère, de la famille, ou même du commissaire du gouvernement. Une seule règle est indiquée aux magistrats ; ils doivent consulter le plus le grand avantage des enfants ; car dans ce choc funeste, ils sont peut être les seuls qui n'aient rien à se reprocher.

Il n'était pas possible de forcer une femme à partager le domicile du mari dans le cours d'une action en divorce ; elle est toujours autorisée à prendre une autre résidence ; la décence veut qu'elle ne se retire que dans une maison indiquée par le tribunal : là, et tant qu'elle y restera seulement, elle touchera une provision que le mari sera tenu de lui payer; si elle quitte cette maison, elle ne sera plus recevable à continuer ses poursuites dans le cas où elle serait demanderesse.

Enfin la femme pourra, lorsqu'elle aura obtenu l'ordonnance de comparution, faire apposer pour la conservation de ses droits, le scellé sur les effets de la communauté, et le mari ne pourra plus en disposer, ni par des engagements, ni par des aliénations.

Voilà tout ce qui concerne la procédure sur le divorce pour causes déterminées. Il me reste encore à vous parler des effets de ce divorce ; déjà vous les connaissez en partie.

Ces effets sont relatifs aux enfants, aux époux, à la société.

Quant aux enfants, la règle déjà établie de leur plus grand avantage doit être constamment suivie ; l'époux demandeur qui a obtenu le divorce est sans reproche ; c'est donc à lui en général que doivent être confiés les enfants ; mais l'application stricte de cette règle pourrait, dans bien des circonstances, ne leur être pas avantageuse. Il faut donc que le tribunal soit libre de les confier lorsqu'il le jugera convenable, aux soins de l'un ou l'autre époux, et même d'une tierce personne : les pères et mères conserveront cependant toujours une surveillance de l'entretien et de l'éducation ; ils y contribueront en proportion de leurs facultés ; ils ont cessé d'être époux, ils n'ont pas cessé d'être pères.

Il était peut-être superflu d'exprimer que le divorce ne privait les enfants d'aucun avantages à eux assurés par les lois ou par les conventions matrimoniales de leurs parents ; ils ne sont déjà que trop malheureux par le spectale des dissensions intestines de leur famille.

Mais si le divorce ne doit pas être pour eux une occasion de perte, ils ne doivent pas non

plus y trouver une occasion de dépouiller les
auteurs de leurs jours; les droits des enfants
ne s'ouvriront que de la manière dont ils se
seraient ouverts s'il n'y avait pas eu de divorce.

On ne doit pas confondre l'espèce du divorce pour cause déterminée dont les motifs
sont susceptibles de discussion et de preuves
devant les tribunaux, avec l'espèce des divorces par consentement mutuel ; il a fallu, dans
ce dernier cas, des garanties particulières, de
fortes garanties, contre l'abus qu'on pourrait
faire de cette cause : on ne pouvait pas en
trouver de plus fortes que l'assurance aux enfants, de la propriété de moitié des biens des
père et mère, et la jouissance de ces biens à
l'époque de leur majorité ; cette mesure n'est
plus nécessaire, elle serait même très-déplacée
dans le cas d'un divorce pour cause déterminée qui ne doit être prononcé que sur une
preuve positive des faits qui le motivent.

Quant aux effets du divorce respectivement
aux époux, on a dû distinguer l'époux demandeur, dont les plaintes sont justifiées, de l'é-
poux défendeur dont les excès sont reconnus
constants. Le premier ne peut et ne doit être
exposé à la perte d'aucun des avantages à lui
faits par le second. Il les conservera dans toute
leur intégrité ; la déchéance qu'on prononcerait
contre lui serait doublement injuste en ce
qu'elle frapperait l'innocent pour récompenser
le coupable ; il ne faut pas qu'un époux puisse
croire qu'il anéantira des libéralités qu'il re-

grette peut-être d'avoir faites, en forçant l'autre époux à se sauver de sa fureur par le divorce.

L'époux contre qui le divorce a été prononcé doit-il aussi conserver les avantages qui lui avaient été assurés par son contrat de mariage ?

Est-il digne de les recueillir, et lorsqu'il se trouve convaincu de faits tellement atroces que le divorce doit en être la suite, jouira-t-il d'un bienfait qui devait être le prix d'une constante affection et des soins les plus tendres ? Non certainement : il s'est placé au rang des ingrats, il sera traité comme eux. Il a violé la première condition du contrat, il ne sera plus reçu à en réclamer les dispositions.

Les autres effets du divorce n'intéressent pas moins la société entière que les deux époux.

Ils pourrront contracter de nouveaux nœuds : c'est en ce point surtout que le divorce est politiquement préférable à la séparation. Je ne répèterai pas ce que j'ai déjà dit à cet égard ; mais en permettant le mariage à deux époux divorcés, la loi a dû pourvoir à ce que l'honnêteté publique et l'harmonie des familles ne fussent pas violées.

L'époux adultère ne pourra jamais se marier avec son complice ; il ne doit pas trouver dans le jugement qui le condamne un titre et un moyen de satisfaire une passion coupable.

Le bon ordre exige aussi qu'une femme divorcée ne puisse pas, en en contractant un nouveau mariage après la dissolution du premier, laisser des doutes sur l'état des enfants dont elle pouvait être mère. Elle ne se mariera que dix mois après le divorce prononcé.

Enfin, nous avons pensé que les époux, une fois divorcés, ne devaient plus se réunir.

Le divorce ne doit être prononcé que sur la preuve d'une nécessité absolue et lorsqu'il est bien démontré à la justice que l'union entre les deux époux est impossible : cette impossibilité une fois constante, la réunion ne pourrait être qu'une occasion nouvelle de scandale.

Il importe que les époux soient d'avance pénétrés de toute la gravité de l'action qu'ils vont intenter; qu'ils n'ignorent pas que le lien sera rompu sans retour, et qu'ils ne puissent pas regarder l'usage du divorce comme une simple occasion de se soumettre à des épreuves passagères, pour reprendre ensuite la vie commune, quand ils se croiraient suffisamment corrigés.

Il faut aussi qu'on ne puisse pas spéculer sur cette action, et que des époux adroits et avides, peu satisfaits des gains assurés par leur contrat de mariage, ne puissent pas envisager le divorce comme un moyen de former dans la suite de nouvelles conventions pour obtenir de plus grands avantages.

Les tribunaux ne sauraient porter une attention trop sévère dans l'instruction et l'examen de ces sortes d'affaires, et la perspective d'une réunion possible entre les époux ne pourrait qu'affaiblir dans l'âme du magistrat ce sentiment profond de peine secrète qu'il doit éprouver quand on lui parle de divorce.

En un mot, le divorce serait un mal, s'il était prononcé quand il n'est pas démontré que la vie commune est insupportable : en effet le second mariage serait lui-même un mal affreux.

On ne se jouera pas du divorce ; à Dieu ne plaise qu'on puisse se familiariser avec l'idée qu'il n'est pas prononcé pour toujours ! L'espoir d'une réunion qui pourrait présenter d'abord à des esprits inattentifs l'apparence de quelques avantages, entraînerait de fait et à la longue de funestes conséquences, parce qu'elles corrompraient nécessairement l'opinion qu'on doit se former d'une action de cette nature

Tels sont, citoyens Législateurs, les motifs du projet de loi dont je vous ai donné lecture. Ses dispositions ont été longtemps examinées, discutées, mûries, et au Conseil d'Etat et dans ces conférences salutaires et politiques qui, réunissant toutes les lumières pour la perfection de la loi, garantissent entre les principales autorités un concert si doux pour les amis du peuple français, si triste pour ses ennemis.

Plus vous examinerez ce projet, plus, je l'espère, vous demeurerez convaincus de la nécessité d'en faire une loi de la République.

Dans les maux physiques, un artiste habile est forcé quelquefois de sacrifier un membre pour sauver le corps entier : ainsi les législateurs admettent le divorce pour arrêter des maux plus grands. Puissions-nous un jour par de bonnes institutions en rendre l'usage inutile ! C'est par de bonnes lois, mais c'est aussi par de grands exemples que les mœurs publiques se réforment et se purifient : ce n'est par le langage seul que l'on doit épurer ; c'est la morale qu'il faut mettre en action. Que le mariage soit honoré ; que le nom et le titre d'époux soient respectés ; que l'opinion publique régénérée flétrisse également le séducteur et l'infidèle, et nous n'aurons peut-être plus besoin du divorce ! mais jusque-là gardons-nous de repousser un remède que l'état actuel de nos mœurs rend encore et trop souvent nécessaire.

ANNEXE N° 5.

EXTRAIT DU RAPPORT

Fait le 27 ventôse an XI au Tribunat

Par le C. Savoye-Rollin

Au nom de la section de législation.

SUR LE PROJET DE LOI, TITRE VI DU CODE CI-
VIL, RELATIF AU DIVORCE.

On a cru généralement que l'institution du mariage se réglait par un droit naturel antérieur aux conventions humaines, et que ces conventions n'étaient justes que par leur conformité à ce droit; mais il est plus aisé de l'invoquer que de le définir. Si l'on entend par lui ces rapports nécessaires entre les hommes, qui dérivent de leur organisation, de leurs sensations, de leur intelligence et de leurs besoins, on n'en donne qu'une idée très-vague, et il est évident, sous ce point de vue, que le droit naturel peut varier à l'infini, selon que les hommes se trouvent dans un état plus ou moins parfait de société. Si l'on prétend, au contraire, que sa source est placée à l'origine des sociétés même, que ses notions

les plus exactes se puisent dans l'homme de
la nature, je pense que, dans ce système, la
liaison des mots a seule formé la liaison des
idées : auparavant, le sauvage, attaché à une
peuplade, vivant au milieu des bois, est encore l'homme plus naturel, réduit à un isole-
lement absolu ; or, que serait pour lui ce droit
naturel qui ne répondrait à aucun être de son
espèce, qui ne partirait de lui que pour aboutir à lui ? Un droit, comme une progression,
n'existe que dans ses termes comparatifs ;
plus les termes augmentent, plus la progression s'élève ; plus les relations réciproques
des hommes s'étendent, plus leurs droits se
multiplient et se compliquent ; enfin l'homme
n'a des droits à exercer et des obligations à
remplir, que parce qu'il vit avec ses semblables.

La conséquence de ses observations est
que, là où se réunissent deux êtres, là commence la société civile, là commencent les
lois qui règlent entre eux leurs droits et leurs
devoirs. Que ces lois ne soient pas arbitraires, et qu'elles aient pour fondement les besoins réciproques qui lient des êtres intelligents et sensibles, rien n'est plus vrai ; mais
loin d'être préexistantes à la société, elles ne
sont que parce qu'elle existe. Comment pourrait-on le nier, lorsqu'on voit que ces lois
suivent constamment la progression des lumières acquises dans l'état social, qu'à mesure que cet état se perfectionne, l'intelligence humaine se développe, découvre de

nouveaux rapports, et les fixe par des lois nouvelles?

Ainsi, dans l'enfance des sociétés, l'union des sexes n'est qu'un attrait fugitif, qui n'a d'empire que pendant l'instant du désir ; l'histoire est un continuel témoignage de ces faits ; mais c'est elle qui nous apprend aussi que les progrès de la civilisation marchent en raison composée des progrès des facultés morales de l'homme et des institutions qu'elles introduisent : le mariage, à peine connu des peuples errants, prend des formes plus constantes chez les peuples pasteurs, et ne s'élève à la dignité qui lui convient que parmi les peuples entièrement ciivilisés.

Ce n'est pas au sein de l'ignorance et de la barbarie des premières institutions, qu'on a reconnu que le mariage devait être un contrat dont la durée n'avait pour terme que la vie de l'un des époux ; cette perfection qu est tellement essentielle au mariage que, sans elle, il n'aurait jamais produit les biens immenses qu'il a fait aux hommes, n'a été sentie et sanctionnée que par la raison humaine plus éclairée et plus attentive ; ceux-là même en conviennent qui reportent à un droit naturel l'indissolubilité du mariage, car ils avouent que si des lois positives ne contraignaient pas nos passions, ce droit naturel serait dans l'impuissance de garantir ce qu'il prescrit : que signifie cet aveu, si ce n'est que nos penchants naturels sont à la fois de maintenir la perpétuité du contrat et de la rompre?

Nous voilà bien renseignés avec ces systèmes qui ne reposent que sur des erreurs de
mots! Les facultés des êtres intelligents sont
naturelles, sans doute, mais ne sont pas des
lois; les lois, pour être bonnes, doivent être
conformes à ces facultés; et les peuples font
continuellement l'expérience heureuse ou ter-
rible de cette vérité fondamentale; plus les
lois sont dans un rapport exact avec ces facultés naturelles, mieux ils sont gouvernés;
plus les lois méprisent de s'en rapprocher,
moins ils obtiennent de bonheur.

Je ne considérerai donc le mariage que dans
la société instituée; et, par le mariage, je
n'entends point le rapprochement fortuit de
deux êtres, lors même qu'il se renouvellerait
par intervalle, mais un engagement mutuel
et continu, un véritable contrat d'après les
lois ou les coutumes d'un peuple. Il est clair
que la société intime de l'homme et de la
femme, et que les droits réciproques qu'ils
se sont attribués l'un sur l'autre; que leur
cohabitation habituelle, que la confusion de
leurs biens, que le consentement universel
de la grande société dans laquelle ils vivent,
à respecter et à protéger leur union; il est
clair, dis-je, que tout cela ne peut exister
nulle part sans des conventions générales
et particulières, qu'elles soient écrites ou
qu'elles ne le soient pas; il est évident, enfin, que tel est le mariage; car je ne sais
qu'un manière de le bien définir, c'est de
le décrire.

En le prenant donc dans cet état, qu'aperçois-je d'abord? C'est que les peuples les plus incultes comme les plus éclairés, l'ont soumis à deux ordres de lois bien différents, les lois civiles et les lois religieuses. Il résulte de cet accord prodigieux et unanime, que cette institution, du moment qu'elle a eu quelque consistance, a inondé le cœur humain de tant de joie et comblé la société de tant de bienfaits, que les hommes ne se sont point rassurés par leurs propres lois sur la solidité d'un lien admirable; ils ont invoqué le ciel en témoignage de leur bonheur; ils l'ont senti trop grand pour croire qu'il ne fût que leur ouvrage.

Et si l'on veut examiner combien le perfectionnement du mariage a lui-même perfectionné les sociétés, qui oserait blâmer la prodigalité des cérémonies dont on l'environne, et l'intervention de la divinité, pour qu'elle imprime son caractère à l'acte le plus important de la vie? C'est à lui surtout qu'est dû l'affranchissement de la moitié de l'espèce humaine; dans cet état grossier de nature, où l'on va chercher les plus vives notions du droit naturel, la faiblesse d'un sexe ne pouvait rien opposer à la brutalité de l'autre; celui-ci trouvait ses droits dans l'effronterie même de ses désirs, et leur sanction, dans la puissance de les satisfaire. Le mariage qui ne se conçoit point sans un accord et des conditions qui le précèdent, a donc été le premier et le plus fort régulateur des affections humaines ; en leur imposant le juste frein qui les contenait sans les détruire, il a rapproché les hommes, il les a distribués en familles, il a préparé dans leur sein, sous l'empire de la magistrature paternelle, le modèle des magistratures publiques ; il a composé l'amour de la patrie du mélange des sentiments les plus délicieux du cœur, et en unissant au titre de citoyen les noms de père, de fils et d'époux, il n'a fait de l'Etat qu'une famille.

Mais ce n'est ni tout à coup ni chez tous les peuples qu'il a créé tous ces prodiges. Si vous considérez la plupart des peuples qui ont existé ou qui existent, il vous sera facile de remarquer que les différents degrés de civilisation qu'ils ont parcouru sont dans un rapport constant avec les divers degrés de s abilité qu'ils ont accordés à leurs mariages. Prenez depuis les peuples nomades jusqu'aux peuples les plus avancés de l'Europe, il n'en est aucun qui ne confirme la règle. Et comment cette stabilité est-elle à la fois la condition si essentielle du mariage, et la cause de la prospérité des nations ? Ces deux propositions qui paraissent si éloignées par leurs termes, sont cependant très immédiates par leurs conséquences : le mariage a partout fondé les familles, et les familles ont fondé les Etats ; or, comme un tout n'est composé que de ses parties, de même la prospérité générale d'un Etat ne se forme que du bonheur particulier de chaque famille. La question se réduit donc à savoir si le plus grand bonheur d'une famille dépend de la stabilité du mariage.

J'ai déjà montré qu'elle avait tiré les femmes de l'humiliation et de la servitude ; et certes, avant ce grand changement, opéré chez les peuples, et si décisif pour leur état social, comment y aurait-il eu de bonheur domestique, puisqu'il n'y avait pas encore de famille ? Mais une fois que la stabilité du mariage a eu pris un commencement, elle a suivi la marche de toutes les institutions qui s'établissent d'elles-mêmes ; faible à sa naissance, elle s'est élevée par des progrès insensibles, et, à mesure qu'elle les a confirmés, les liens des familles se sont resserrés davantage, les rapports des époux entre eux et des époux aux enfants ont acquis enfin toute l'intensité dont ils étaient susceptibles, et de tous ces rapports et des jouissances qu'ils ont créées, des besoins qu'ils ont fait naître, des affections innombrables dont ils ont pénétré le cœur humain, sont sortis tous les biens et tous les maux de la vie, selon que les hommes ont usé ou abusé de leurs facultés naturelles ; et cela seul nous explique cette prodigieuse variété d'institutions, semées comme de la poussière parmi les peuples, quoiqu'elles soient toutes provenues de la même source.

Mais ce qui est remarquable, c'est qu'aucun peuple, d'une civilisation commencée ou achevée, n'a méconnu le caractère de perpétuité attaché au mariage, et n'a refusé de l'admettre ; il se retrouve même chez les nations adonnées à la polygamie qui, malgré le mélange bizarre de faux et de vrai dont elles souillent leurs coutumes, sont forcées de reconnaître le principe qu'elles déshonorent ; et, cependant, ce qui n'est pas moins remarquable aussi, c'est que dans cet accord unanime sur la manière d'envisager ce contrat, aucune législation, avant l'établissement du christianisme, soit politique, soit religieuse, n'a assigné au caractère de perpétuité celui d'une indissolubilité absolue. La définition de la loi romaine, que le mariage est un contrat formé par le consentement des deux époux, dans l'intention de s'unir pour la vie, présentait l'opinion de tous les peuples.

Le résultat de cette distinction entre l'intention de la perpétuité et la perpétuité réelle, fut d'entrevoir la possibilité de la rupture du mariage, d'en combiner les moyens, et d'en déterminer les cas : de là s'établit l'acte du divorce, que chaque peuple ensuite accommoda diversement à ses mœurs. Les religions qui n'intervenaient dans les mariages que comme un majestueux auxiliaire, ou appuyaient elles-mêmes le divorce, ou ne lui opposaient aucun obstacle.

Si l'on examinait, parmi les anciens, quelle influence le divorce eut sur l'institution du mariage, et qu'on ne la cherchât que dans leurs lois, on serait étrangement abusé : elles prirent fort peu de précautions ou plutôt il faut dire qu'elles n'en prirent aucune pour garantir le mariage des atteintes cruelles qu'une arme aussi dangereuse que le divorce pouvait lui porter; mais il avait son égide dans les mœurs, et les lois le rassurèrent. En effet, quels maux pouvait causer le divorce au milieu de ces hommes simples, pour qui les occupations domestiques étaient les plus doux plaisirs? Que leur faisait qu'on put répudier une épouse infidèle, quand la chasteté n'était pas un effort, mais une habitude de la vie? Que leur importait qu'on pût rompre un lien par le même consentement qui l'avait formé, quand l'indissolubilité était la croyance du cœur? Ah! lorsque les mœurs agissent, que l'on ne s'inquiète pas de ce que les lois défendent ou permettent! Plus fortes que les lois, les mœurs les suppléent, si elles sont insuffisantes; les corrigent ou les effacent, si elles sont défectueuses. C'est ainsi qu'à Rome, pendant cinq siècles, la loi du divorce fut voilée par la pudeur publique.

Si nous osions nous rapprocher de ce temps fabuleux pour nos mœurs, et penser que leurs lois conserveraient parmi nous leur antique innocence, il suffira, pour se détromper, de voir avec quelle affreuse promptitude elles la perdirent dans Rome corrompue. Ces lois, malgré leur facilité extrême à recevoir le divorce, ne satisfirent qu'un moment l'ardeur d'y recourir; elles n'avaient paru qu'inutiles aux bonnes mœurs, elles augmentèrent la corruption des mauvaises ; quand on eut épuisé leur indulgence, on les accusa de trop de sévérité ; elles firent place à des lois si scandaleuses, et à des passions si conformes à ces lois, que l'institution même du mariage faillit disparaître d'un Empire, ou, selon l'expression d'un écrivain du temps, les femmes ne se mariaient que pour répudier, et ne répudiaient que pour se marier. Quelques empereurs romains des derniers siècles retouchèrent la législation du divorce, lui prescrivirent de sages limites ; et leur ouvrage subsista jusqu'à cette époque où la religion catholique se levant sur la terre, intima des principes nouveaux et plus rigides, et les incorpora dans les lois civiles de toutes les nations qui la reconnurent.

De ce moment, l'indissolubilité absolue du mariage se grava comme dogme au fond des consciences ; les lois civiles s'anéantirent devant la loi religieuse, et le ciel, en imposant seul le serment des époux, en resta seul aussi le juge.

Ce dogme de l'indissolubilité absolue, après avoir traversé sans interruption l'étendue et la profondeur de dix siècles, fut tout-à-coup renversé par un de ces évènements extraordinaires, qui ne sont, il est vrai, que la méditation du temps, mais qui éclatent toujours comme le tonnerre au milieu des hommes imprévoyants et inattentifs.

Nos lois politiques, en ramenant parmi nous la liberté des consciences, l'assirent sur la base de la liberté des cultes; ces deux principes posés, il en résulta la division du pouvoir civil et du pouvoir religieux; celui-ci devint, à l'exemple de tous les pouvoirs du même genre, l'accessoire et l'ornement du premier, mais il cessa d'y être identifié.

La destination du mariage est d'être perpétuel; voilà un principe universellement reconnu; principe fécond et créateur des sociétés humaines! principe qui a ravi à la terre tous ses déserts, et la couvre de ces multitudes de nations qui parent et animent son sein!

L'inévitable obligation du divorce est donc de respecter ce principe, jusque dans les exceptions même qu'il y porte.

Il respectera ce principe, 1° si les causes du divorce sont évidemment et rigoureusement nécessaires, et il s'ensuivra, qu'elles seront bornées à un très petit nombre.

2ᵣ Si les formes qui environnent le divorce ont, dans leur marche, cette lenteur salutaire qui donne aux passions le temps de se calmer, qui rende à des cœurs aigris le souvenir de leur affection première, et qui n'applique enfin le remède qu'à des maux, que seul il peut guérir.

3° Si les effets du divorce n'accordent pas aux passions désordonnées qui l'auraient produit, la coupable liberté de les satisfaire; si ces effets ont pourvu au sort des enfants, et s'ils retrouvent dans les lois une partie de la protection paternelle qu'ils ont eu le malheur de perdre. -

J'examinerai donc le divorce dans ses causes, ses formes et ses effets.

Le projet établit quatre causes du divorce ; l'adultère, les excès, sévices ou injures graves ; la condamnation à une peine infamante ; le consentement mutuel et persévérant des époux.

L'action du divorce pour adultère n'est permise à la femme que dans le cas où l'époux tient sa concubine dans la maison commune. Cette limitation a sa raison évidente dans la différence des obligations imposées aux deux sexes par la nature même du contrat. L'adultère de la femme dissout la famille. La loi cependant ne veut pas méconnaître que la fidélité conjugale ne soit un devoir réciproque ; mais les lois ne sont pas des préceptes, elles ne sont que des commandements.

Les excès, sévices ou injures graves sont la seconde cause du divorce. La première partie de cet article emploie des termes si formels, qu'ils ne sauraient donner lieu à l'arbitraire des jugements. Les expressions *d'injures graves* n'ont pas la même précision ; mais d'abord leur rapprochement de celles *d'excès* et de *sévices*, indique qu'elles sont au moral ce que les autres sont au physique ; les premières sont, si l'on peut ainsi parler, la violence des corps, et les secondes, la violence des sentiments. Ensuite, la nature de l'action intentée, son importance morale et civile, la sévérité même de la loi dans son accueil au divorce, avertissent assez du véritable sens attaché à ces expressions.

Sa troisième cause, la condamnation à une peine infamante, se justifie par son seul énoncé ; elle forme avec les deux précédentes les causes déterminées du divorce.

Le projet de loi, en les réduisant à ce nombre, restitue au mariage la portion de dignité que lui avait enlevée la loi de 1792 qui ajoutait à ces causes, l'adultère des deux époux, leur abandon réciproque pendant deux ans, leur absence pendant cinq, et la démence, la folie ou la fureur. De ces causes, les unes violaient le pacte du mariage dans son essence même, comme la mutuelle accusation d'adultère ; les autres, comme l'absence et l'abandon, se prêtaient, par le vague de leur désignation, à toutes les supercheries, à toutes les combinaisons de la fraude et de la dépravation des mœurs, ou bien elles jetaient, par avance, le trouble et l'amertume dans le cœur de tous ceux que leur état ou leurs affaires engageaient dans des causes lointaines ; et tandis que les droits des absents ont constamment inspiré aux lois une sollicitude paternelle, ici, dans la propriété la plus sacrée de l'homme, la propriété de sa famille, une loi téméraire la compromettait sans pudeur ! Et enfin, en déliant le nœud conjugal pour la folie ou la démence, elle outrageait les sentiments que les hommes les

11*

plus étrangers entre eux éprouvent, la bienveillance et la pitié ; le mariage, cet état dont la condition et le charme inexprimable sont dans l'étroite communauté des biens, des maux, des plaisirs et des peines, on osait le rompre devant le malheur involontaire ! Son devoir, que dis-je ! sa douceur et sa force sont dans l'allégeance des maux qui, dans toute autre situation de la vie, ne seraient ni supportables ni pardonnés ; et cette loi cruelle punit ceux qu'on ne s'est point attirés ! Ah ! bénissons les hommes qui effacent de nos lois ces affreuses causes du divorce ! bénissons-les de ne pas calomnier le cœur humain !

La quatrième cause du divorce est fondée sur le consentement mutuel ; elle est la plus importante du projet de loi ; il ne faut pas même se le dissimuler, toute la loi du divorce est là. Le recours aux causes déterminées ne sera jamais fréquent dans nos mœurs ; elles ne sont pas bonnes, sans doute, mais elles sont polies ; on redoute très-peu les vices, mais on craint le ridicule à l'égal de la mort : ainsi la mauvaise honte, qui est la vertu des mœurs dépravées, empêchera toujours d'odieuses accusations, mais elle recherchera avec ardeur un moyen qui cache tous les maux et les guérit sans publicité. Cette question mérite donc un sérieux examen.

Dans le système du consentement mutuel, on n'a avoué d'abord qu'un contrat perpé-

tuel par sa destination, devait être à l'abri
des dégoûts que de vains caprices enfan-
tent, et qu'il fallait lui donner une force
capable de résister aux orages fugitifs des
passions ; mais on a distingué ces fièvres
accidentelles de l'imagination, de ces anti-
phathies sombres et profondes, qui, nées
d'une foule d'impressions successives, se sont
lentement amassées autour du cœur dans le
cours d'une union mal assortie ; alors on a
examiné l'indissolubilité du contrat, on n'a
pu penser qu'elle fût assez absolue pour se
transformer en un joug insecouable ; on a
trouvé naturel que le même consentement
qui avait tissu le lien pût le défaire, consentement qui garantissait qu'aucune partie
n'était lésée, puisqu'elle avait la puissance
du refus. On s'est dit que si les bons mariages remplissaient la vie de bonheur, les
mauvais étaient tout à la fois funestes aux
époux obligés de les supporter, aux enfants
qui en partageaient l'influence, à la société
qui en redoutait l'exemple : aucun motif humain ne pouvait donc arrêter la loi civile
qu'invoquaient conjointement des époux las-
sés de leurs fers. Les législateurs n'auraient
pas compris l'étendue de leurs devoirs, si
leurs lois ne savaient que contraindre et
punir ; entre ces deux points extrêmes, qu'ils
sachent en placer de plus douces qui
prêtent un appui au malheur, ouvrent des
ressources à la faiblesse et des asiles au repentir ! Et quand même l'antipathie des époux

serait due à des torts très graves, ne faut-il
pas encore les secourir, si ces torts, ense-
velis dans l'intérieur de la vie domestique,
sont dénués de témoignages étrangers ?
Quel sort réserveriez-vous donc à cette victime que vous voyez se débattre dans un
lien douloureux, qu'elle ne peut ni briser ni
souffrir ? Songez que la main qui la frappe
devait la protéger, que la bouche qui l'in-
jurie lui devait des accents d'amour ! Songez
que de ce contrat qui l'unit encore à son
bourreau, toutes les conditions en ont été
violées par lui, et ne subsistent maintenant
que contre elle. Une situation si violente et
des maux si cruels appellent, malgré vous,
le remède des lois.

On a opposé à ces considérations, que le
consentement mutuel n'avait que l'apparence
d'une liberté mutuelle: en effet, un mari
infidèle abreuvera sa compagne de dégoûts et
d'humiliations, en échappant lui-même à une
si fatale réciprocité ; sa sauve-garde sera
dans sa force et dans une plus grande indépendance personnelle ; d'où il dérive que
le consentement mutuel sera presque toujours
illusoire, et que la loi offre un moyen qu'elle
ne peut pas donner. Par-là s'évanouit un
des arguments les plus spécieux de ce sys·
tème. Mais, se plaçât-on dans l'hypothèse la
plus favorable, celle de la réalité du consentement mutuel, ne voit-on pas qu'il se
pénètre de tous les inconvénients de l'incompatibilité d'humeur si justement pros-

crite ? La légèreté des mœurs, les dissipations de la vie, ont porté une funeste in-
différence dans la plupart des mariages.
Qu'il en coûtera peu à des époux déjà séparés par leurs vices comme par leurs plaisirs, de rompre le faible roseau qui les lie !
Qui sait si une fête, si des diamants qu'on
refuse, ne seront pas le grave sujet d'une
querelle et la profonde origine d'un consentement mutuel ? Ah ! malheur aux lois
qui se jouent avec les mauvaises mœurs, et
qui en suivent la pente au lieu de la redresser ! On parle aussi de déguiser des
causes coupables de rupture : et depuis quand
donc est-ce le ministère des lois de cacher
des crimes ? Elles font bien lorsqu'elles les
punissent, elles font mieux lorsqu'elles les
préviennent ; mais composer avec eux ! y a-
t-on sérieusement pensé ? Il résulte de ces
combinaisons sur le consentement mutuel,
qu'il absorbera toutes les causes de divorce ;
il servira aux époux qu'une antipathie réelle
consume ; il servira à ceux qui quittent
leurs chaînes avec autant de tiédeur qu'ils
les ont formées ; il servira à l'adultère et à
toutes les passions hideuses des âmes corrompues : s'il est vrai qu'il doit faire tout
l'office de la loi, pourquoi ne l'a-t-on pas
réduite à un seul titre ?

On a dit, enfin, que le consentement mutuel avait le droit de dissoudre ce qu'il avait
uni : il y a deux vices dans cette proposition : le premier, que le mariage, établi

dans la perspective de sa perpétuité, ne doit pas être arbitrairement soumis aux caprices des contractants ; le second, que la survenance des enfants complique le contrat et interpose leurs droits parmi ceux des époux.

C'est surtout par cette dernière considération, citoyens collègues, que votre section de législation avait proposé de n'admettre le divorce par consentement mutuel que lorsqu'il n'existerait point d'enfants du mariage. Son opinion n'a pas prévalu.

On a refuté ses objections par les formes mêmes et les conditions sévères dont on a entouré le consentement mutuel.

Il faut que la détermination grave de délier un engagement qui devait ne finir qu'avec la vie, présente tous les caractères d'une évidente nécessité : la loi n'a aucun moyen de sonder les cœurs, mais elle y supplée par des précautions et des épreuves ; la constance qui les surmonte lui donne la mesure des sentiments dont elle émane ; elle apprécie les motifs qui désunissent deux époux, par leur tenacité même à vaincre les obstacles qu'on leur oppose.

Ainsi, elle exige que les deux époux qui veulent divorcer soient mariés depuis deux ans, ou qu'ils ne le soient pas depuis vingt ; que le mari ait vingt-cinq ans et la femme vingt-et-un, ou qu'elle n'en ait pas quarante-cinq ; qu'ils soient munis l'un et l'autre des autorisations formelles de leurs père et mère et autres ascendants vivants.

S'ils sont dans les termes de ces condi-
ditions préliminaires, ils comparaissent devant le magistrat ; ils exposent leur demande ; ils déposent les pièces qui l'appuient ; on
les soumet à une année d'épreuve ; tous les
trois mois ils se présentent devant le même
magistrat et renouvellent leur déclaration :
enfin l'année expirée, ils reparaissent et sont
renvoyés devant le tribunal qui prononce ou
rejette le divorce selon que les formes ont
été observées ou négligées.

C'est à la persévérance des époux dans la
longue initiation qu'ils ont subie, que la loi
a reconnu la force de leur volonté ; mais
peut-être n'a-t-elle dû son origine qu'à des
passions coupables qui s'étaient allumées dans
leur cœur ! La loi en a conçu la crainte,
et, dans son incertitude, elle leur interdit de
se réunir jamais, et ne leur permet de se
marier qu'après trois ans.

Elle s'occupe ensuite avec la même effica-
cité de l'intérêt des enfants ; elle leur assure
la propriété de la moitié des biens de leurs
père et mère, du jour même qu'ils ont fait
leur déclaration de divorce, et la jouissance
de ces mêmes biens à leur majorité.

Des précautions et des formes d'une autre
espèce sont réservées au divorce pour causes
déterminées, mais elles sont dirigées dans le
même esprit : frapper, dès l'abord, l'époux
demandeur, du sévère appareil de la loi ; l'o-
bliger à comparaître en personne devant le
juge ; ne recevoir sa plainte que comme une

confidence; chercher à le rappeler à des
sentiments plus modérés ; ne lui permettre
de citer l'époux défendeur qu'après ces es-
sais de conciliation ; suspendre ensuite pendant
un temps les effets de la citation même ;
n'écouter que dans des conférences secrètes
les griefs et les défenses des deux époux,
ainsi que les dépositions des témoins ; ne
les livrer à l'éclat de l'audience publique que
lorsque tout espoir de rapprochement est
éteint ; voilà la marche de la procédure ; elle
est irréprochable, elle est sage, elle est salutaire.

Le jugement du tribunal de l'arrondissement où les parties sont domiciliées est soumis à l'appel et au recours en cassation :
lorsque les degrés sont épuisés et si le divorce est admis, l'époux demandeur qui l'a
obtenu est obligé de se présenter, dans le
délai de deux mois, devant l'officier civil,
pour y faire prononcer son divorce ; s'il
laisse écouler le terme, il est fatal, le jugement de divorce ne recevra plus d'exécution.

La loi, toujours prévoyante, a pensé que
la réconciliation des époux pouvait naître,
soit depuis les faits propres à autoriser l'action en divorce, soit depuis sa demande ;
elle repousse alors l'action du demandeur, ou
ne lui permet de la rétablir qu'autant qu'il
réunira de nouveaux faits aux premiers.

Il résulte de la multiplicité des formes
qu'une demande en divorce établit, qu'il
s'écoule un long intervalle entre l'action et

le jugement; il a fallu le remplir par des dispositions relatives aux époux et à leurs enfants.

Des époux déjà divisés par le cœur, ne voudront pas vivre ensemble durant leurs tris-tes débats; la femme reçoit de la loi un nouveau domicile; elle peut craindre que ses droits n'éprouvent des dommages; elle est autorisée à faire inventorier les effets de la communauté, et le mari perd la faculté de les aliéner.

A l'égard des enfants, ils demeurent sous la tutelle du mari, à moins que le tribunal n'en ordonne différemment sur la demande de la famille, ou sur la réquisition du mi-nistère public.

La loi détermine ici la chaîne des forma-lités dont elle enveloppe la demande en di-vorce; mais en rendant aux époux leur in-dépendance, elle les soumet encore à des con-ditions que l'intérêt des mœurs a dictées.

Elle ôte aux époux désunis la faculté de se rengager dans leurs premiers nœuds: cette prohibition est éminemment morale: le ma-riage serait bientôt dégradé si, placé comme un jeu au milieu des passions humaines, elles pouvaient le quitter et le reprendre au gré de leurs saillies. La femme adultère n'épousera point son complice; prohibition non moins salutaire que commande l'honnê-teté publique, et qui, peut-être, en menaçant d'avance la femme prête à succomber, la re-tiendra par l'idée affreuse qu'elle ne serait jamais la compagne avouée de celui qui l'aura séduite !

L'ordre public, sous le rapport de l'état des enfants, a déterminé la disposition qui ne permet le mariage à la femme que dix mois après la prononciation de son divorce.

Des intérêts moins grands, mais qui sont dans l'esprit de la loi, font distinguer l'époux accusateur de l'époux accusé : le premier conserve les avantages que le second lui avait assurés, et celui-ci perd tous ceux qu'il avait reçus.

Les enfants n'éprouvent aucun changement dans leur fortune : leurs droits subsistent au même titre que si le mariage n'avait pas été dissous. Leur éducation est confiée à l'époux demandeur ; si la famille fait entendre des réclamations, le tribunal prononce, et peut même remettre les enfants à des mains étrangères ; précaution extrêmement sage, et qui obvia à tous les inconvénients, si les époux sont également indignes de recevoir ce précieux dépôt. Dans ces différentes hypothèses, ils conservent cependant l'un et l'autre leur droit de surveillance, et sont tenus de fournir à tous les frais d'éducation.

Enfin le projet de loi rétablit la séparation de corps, qu'il permet dans tous les cas où il y aura lieu à la demande en divorce pour cause déterminée. Ce chapitre de la loi ne donne lieu à aucune observation.

ANNEXE Nº 6.

EXTRAIT DU DISCOURS

Prononcé le 23 Ventôse an XI au Corps législatif

PAR LE CITOYEN TREILHARD

Après que l'orateur du Tribunal eût présenté le vœu de cette autorité pour l'adoption du projet sur le divorce.

Les causes du divorce, tirées de l'adultère et du consentement mutuel, ont été combattues.

On ne voudrait pas que l'adultère fût placé au nombre des causes du divorce, non qu'on méconnaisse la légitimité de cette cause; mais on craint le scandale d'une discussion, et l'on trouve plus moral et moins dangereux de supprimer dans ce cas l'action que de l'admettre: on propose d'imiter la sagesse des Romains qui n'avaient pas prononcé de peines contre certains crimes, parce qu'ils les regardaient comme impossibles.

Je conviendrai, sans détour, que si l'adultère était aussi inouï parmi nous que le parricide chez les Romains, à l'époque dont on parle, leur exemple serait d'un grand poids.

Mais ce n'est pas avec l'imagination qu'on fait de bonnes lois, c'est avec la raison. Les législateurs ne sauraient fermer les yeux sur tout ce qui les entoure ; ils ne peuvent pas supposer que des maux trop réels n'existeront plus, parce qu'ils auront affecté de ne pas les apercevoir. Quelles fatales conséquences pourraient résulter de la suppression de la cause d'adultère ! On ne peut sans frémir penser à l'union *forcée* de deux époux, dont l'un porte le crime dans le fond de son cœur, dont l'autre porte le désespoir et le ressentiment du plus vif des outrages, c'est-à-dire de deux époux qui renferment en euxmêmes le principe de tous les désordres et de tous les crimes. Voilà cependant ce que produirait la suppression de la cause d'adultère.

On a dit, relativement au divorce par consentement mutuel, qu'il pourrait déguiser les causes coupables de rupture : *mais depuis quand est-ce le ministère des lois de cacher des crimes ?*

Il est impossible de se taire sur un reproche qui a pour objet de représenter la *loi comme composant avec le crime.* Dans quel code a-t-on trouvé que la loi forçait une personne outragée, assassinée, à porter plainte devant les tribunaux ? Quelle est la religion qui a défendu de faire remise d'une offense personnelle, ou de se contenter d'une réparation qui met à couvert une victime sans exposer la tête du coupable ? Et si ce cou-

pable est un époux, un fils, un père, dites-
moi s'il existe dans le monde une législation
assez barbare pour forcer le père, le fils,
l'époux à se traîner mutuellement sur l'é-
chafaud, parce que la loi leur aura interdit
tout autre moyen de pourvoir autrement à
leur sûreté ?

Sans doute un crime donne lieu à une action publique et à une action particulière.
Que l'action publique ait son cours lorsque
le crime a éclaté ; voilà ce qu'exige l'ordre
social : que la personne attaquée puisse remettre son injure, qu'elle ait le droit de couvrir d'un voile épais l'offense qui lui fut
personnelle ; voilà ce que la morale avoue,
ce que l'intérêt social n'a jamais défendu.

Dira t-on qu'il est beau de remettre entièrement son injure, mais qu'il ne doit pas
être permis à la personne capable de cet acte
de générosité de se précautionner pour l'a-
venir, que la morale ne lui laisse d'autre ressource pour préserver ses jours, que celle de
faire tomber la tête du coupable, parce que
se taire dans de pareilles circonstances, c'est
composer avec le crime ?

Non, citoyens Législateurs, cette morale de
sang ne fut jamais celle d'aucun peuple :
elle ne sera jamais la vôtre : l'action publique sera exercée dans toute sa rigueur, lorsque le crime sera connu, mais la loi ne
forcera jamais une victime à rendre plainte ;
jamais elle ne regardera comme complice,
comme composant avec le crime, celui qui

sera capable d'un pardon généreux ; jamais il n'existera d'opposition pareille entre les règles de notre droit et celles de la morale. Ce pardon généreux est peut-être un devoir sacré pour les époux ; et elle serait atroce la loi qui empêcherait, qui ne faciliterait même pas la pratique de ce devoir.

Mais pourquoi, me dit-on encore, pourquoi admettre le divorce par consentement mutuel quand il y a des enfants ? Pourquoi ? parce que si cette cause est quelquefois admissible, elle est bien plus nécessaire quand il y a des enfants.

Ce n'est pas alors son honneur personnel seul que l'époux doit ménager, c'est encore l'honneur de ses enfants. Quelle perspective affreuse pour eux, si l'un des auteurs de leurs jours ne peut se soustraire à la barbarie de l'autre sans le conduire à l'échafaud !

D'ailleurs, l'existence des enfants fournit elle-même de nouvelles garanties contre l'abus du consentement mutuel, puisque les époux sont forcés, dans ce cas, de se dépouiller de la moitié de leurs propriétés.

L'article qui défend aux divorcés de contracter ensemble un nouveau mariage, a aussi éprouvé des contradictions ; c'est, dit-on, fermer la porte au repentir : cette disposition n'est ni juste ni morale.

Il me semble au contraire, citoyens Législateurs, qu'il vous a été démontré que cet article était juste, moral et surtout politique.

Il ne faut pas que l'opinion puisse s'affaiblir sur la nature d'une action en divorce ; elle est un remède à un grand mal, mais elle n'est qu'un remède et un remède qu'on ne saurait appliquer avec trop de réserve.

Ceux qui ont médité sur les formes, sur les entraves dont cette action se trouve embarrassée, doivent être nécessairement convaincus qu'il est presque impossible qu'un divorce soit admis sans une cause absolue, c'est-à-dire lorsqu'il n'existera pas une démonstration complète de cette vérité que la vie commune entre les époux est insupportable. Mais lorsque la conviction profonde de cette triste vérité est acquise, quel serait le but d'un second mariage ? ne serait il pas plus orageux que le premier ?

Quel serait, au surplus, l'effet d'une loi qui autoriserait les époux divorcés à se réunir ? L'opinion publique sur la nature de l'action en divorce serait par là tôt ou tard corrompue. Une demande qu'on s'accoutumerait à regarder comme une épreuve, se hasarderait avec bien plus de facilité. Des témoins manqueraient moins de complaisance pour favoriser un succès qui ne serait pas sans retour ; les juges eux-mêmes n'éprouveraient pas au fond de leur cœur, pour une mesure qui ne serait que passagère, ce sentiment pénible dont ils doivent être pleins

quand il faut prononcer un divorce, et enfin on finirait par abuser du divorce comme
on avait jadis abusé des séparations ; car telle
est malheureusement la marche de l'esprit
humain.

On a dû prévoir le mal ; on l'a prévenu.
Les époux sauront que c'est pour toujours
que sera dissous le lien qui les unit ; ils ne
pourront plus regarder le recours au divorce
comme une épreuve, comme un moyen de
réformer de premières conventions matrimoniales dont ils ne seraient pas satisfaits ;
et c'est déjà un grand bien, car ainsi se
trouveront prévenues beaucoup de demandes
en divorce.

Les tribunaux ne pourront pas se mépren-
dre sur l'objet de la loi, sur la sévérité qui
doit en diriger l'application ; ils sauront qu'ils
vont prononcer sur le sort des époux pour
toute leur vie ; et cette grande considération
entretiendra dans le cœur des magistrats une
religieuse frayeur, qui ne permettra d'accueillir des demandes en divorce que lorsque l'absolue nécessité en sera bien démontrée.

Enfin, on s'est plaint de ce que le consentement mutuel n'était pas rangé parmi
les moyens de séparation de corps ; on trouve
le consentement mutuel de trop parmi les
causes du divorce ; on se plaint de ne pas
le voir au nombre des causes de séparation
et l'on présente cette objection comme une espèce
d'inconséquence dans le projet.

La loi sur le divorce est une loi toute politique. Le divorce est admis comme étant politiquement préférable à la séparation. On n'a pas détruit, on n'a pas même abordé ce qui avait été dit à cet égard dans les motifs.

La séparation de corps est proposée pour ceux dont la croyance religieuse repousserait le divorce : il ne fallait pas les exposer sans ressource aux malheurs d'un joug trop insupportable, et les laisser entre le désespoir et la mort.

Mais que les effets de ces deux actions sont différents !

Le divorce rompt le lien conjugal, la séparation le laisse subsister. Déjà vous embrassez d'un coup d'œil les diverses conséquences qui doivent résulter de deux actions si différentes.

Le divorce rompt le lien conjugal.

Il a donc fallu soumettre une action de cette importance à une procédure lente, longue, embarrassée de difficultés et de sacrifices ; qui offre aux juges de puissants moyens pour rapprocher les esprits, pour démêler les causes secrètes qui font mouvoir les époux, pour faire tomber enfin une action qu'on ne doit pas accueillir, s'il n'est pas démontré qu'elle est nécessaire : tout est calculé dans cette marche de manière que chaque pas offre une garantie réelle contre l'abus du consentement mutuel.

Mais la séparation laisse subsister le lien

conjugal ; il ne fallait donc pas surcharger
cette action des embarras et des sacrifices
imposés à l'action bien plus grave du divorce ; et personne ne s'est plaint de la diversité des procédures dans les deux espèces.
L'action en séparation est une action ordinaire qui se poursuit comme toutes les autres ; par conséquent l'on n'a ni pu ni dû
ranger le consentement mutuel au nombre
des causes de séparation, parce que l'instruction ne pourrait présenter aucune espèce
de garantie contre l'abus de cette cause.
Le consentement mutuel dans le cas des
séparations serait une large porte entièrement et toujours ouverte au caprice, à la légèreté, à l'inconstance, sans aucune espèce
de préservatif contre leurs effets ; et comme
la séparation de corps entraîne de droit la
séparation de biens, deux époux de mauvaise foi trouveraient encore dans leur consentement mutuel un moyen infaillible de
ruiner tous leurs créanciers.

Ainsi, nulle inconséquence à reprocher au
projet, et c'est dans la nature même des
deux actions qu'on trouve la raison de la
différence des causes qui y donnent lieu.

Je ne suis pas surpris des combats qu'on
lui a livrés : il n'est pas de matière sur laquelle les préjugés, les passions, l'esprit de
parti, aient dû s'agiter avec plus de violence.
Mais vous êtes placés au dessus de toutes ces
agitations, et c'est à votre raison que le projet est présenté : il n'a été attaqué par au-

cune objection fondée et insoluble contre ses détails ; il n'est combattu que par des déclamations vagues qui frappent principalement sur le divorce en lui-même. Ce n'est pas telle ou telle disposition du projet qui blesse ; c'est le divorce dont on ne veut pas : et comme vous avez converti en loi le principe, dans l'impossibilité de l'attaquer aujourd'hui directement et avec succès, on rattache, comme on peut, aux détails, tous les lieux communs qu'on avait rassemblés contre le fond de l'institution.

On abusera du divorce ! Eh ! de quoi n'a-t-on pas abusé ? Quelle institution pourrait subsister, si la possibilité de l'abus suffisait pour la faire proscrire ?

Il y a eu mille divorces l'année dernière ! Je n'en sais rien. Qu'est-ce que cela prouve ? que la loi sous laquelle nous vivons depuis dix ans n'est pas bonne, ce dont tout le monde convient ; mais cela prouve aussi qu'il y a une grande inconséquence à vouloir prolonger l'empire d'une loi qu'on reconnaît mauvaise, par le rejet d'une loi qu'on est forcé de reconnaître bien meilleure.

A-t-on proposé des dispositions plus parfaites pour remplacer celles qu'on attaque ? Certes, il est bien évident qu'une loi quelconque sur le divorce n'obtiendra pas un assentiment universel, parce que cette matière est le champ de bataille de divers partis.

Mais vous n'examinez pas si tout le monde approuve ce qui vous est présenté ; vous examinez si l'on improuve par des raisons graves et sans réplique : je n'en ai pas entendu de cette nature, et, s'il faut le dire, les objections qui ont été faites dans des sens différents, sont elles-mêmes de sûrs garants que le projet n'a flatté aucune passion ni aucun parti.

Ceux qui ne voulaient pas du divorce trouvent qu'on en a rendu l'usage trop facile ; tout est perdu si nous voulons les croire, et tout le monde divorcera.

Ceux qui voulaient l'abus du divorce s'écrient qu'on en a embarrassé la marche de difficultés insurmontables ; tout est perdu suivant eux, et personne ne divorcera.

De ces reproches si opposés, je me crois en droit de conclure que le gouvernement, dans une manière si délicate, n'a pas franchi une juste mesure, et qu'il s'est tenu dans ies bornes que la sagesse lui prescrivait.

ANNEXE N° 7.

EXTRAIT DU DISCOURS

Prononcé le 30 ventôse an XI au Corps législatif

PAR LE CITOYEN GILLET (DE SEINE-ET-OISE), UN DES ORATEURS DU TRIBUNAT.

..... A ne contempler dans le mariage que le principe de son institution, la permanence est son état, la perpétuité son vœu, l'indivisibilité entre les deux époux sa condition naturelle.

Mais à le considérer dans ses effets, tels que la marche de la société nous le représente, tous ne répondent pas à la dignité de ce grand contrat; il est des atteintes qui le brisent, il est des résistances qui en soulèvent tous les fondements.

Ces atteintes et ces résistances ne serontelles comptées pour rien par le législateur? Croira t-il qu'elles seront sans danger, du moment qu'il aura proclamé qu'elles seront sans remède ; et satisfait d'avoir établi, par une théorie générale, que l'union conjugale est toujours entière, dédaignera-t-il de s'occuper de ce qui altère son intégrité dans la pratique ? Conserver par de telles maximes, ce serait détruire. Qui est-ce qui ne voit pas, en effet, que bientôt le mariage serait ainsi livré à l'anarchie de toutes les passions, et que le principe des devoirs entre les époux serait corrompu dès que tous deux, avec le même droit de les exiger, seraient dans la même impuissance de se les faire rendre.

Aussi fût-ce toujours, pour ceux qui présidèrent aux institutions des peuples, un soin important que de régler quelle conduite doit être tenue à l'égard des époux qui manquent aux conditions essentielles du contrat destiné à les unir.

C'EST UNE PENSÉE COMMUNE A TOUS QU'IL FAUT EN CE CAS FAIRE CESSER UNE SOCIÉTÉ QUI N'EST PLUS QU'UNE OCCASION DE DÉSORDRE, et véritablement est-il d'autre moyen par lequel l'autorité soit capable d'opérer sur des passions qui, par leur activité renaissante et surtout par l'asile domestique où elles se réfugient, échapperaient sans cesse à sa puissance ?

Si donc les systèmes différent à cet égard, c'est seulement sur les effets et la durée qui doivent suivre (alors qu'elle devient nécessaire) la cessation de la société conjugale.

Dans les pays où le célibat, placé sous les auspices de la religion, est un état respecté, les mariages étant moins multipliés, l'infortune de ceux qui sont désunis y est aussi moins généralement sentie; et s'il y arrive que la société conjugale doive cesser, les retraites sacrées, que la même religion protége, offrent à la femme un asile honorable si elle n'est que malheureuse, une sauvegarde pour ses mœurs si elle est coupable : on a donc pu, sans inconséquence, dans un tel ordre de choses, lui interdire la faculté de contracter de nouveaux nœuds; la situation où elle se trouve alors placée est celle de *la séparation de corps.*

Dans les pays, au contraire, où le mariage a plus de faveur, où la femme hors le mariage ne peut guère prétendre à la considération, s'il arrive qu'elle soit forcée de sortir de la société conjugale qu'elle a contractée, il est convenable de lui permettre d'en former une autre. Sans cela, que serait sa situation dans le monde, sinon une situation toujours équivoque aux yeux du public, inquiétante pour les mœurs et périlleuse pour elle-même? C'est cette faculté d'un second mariage qui lui a été ouverte par le *divorce.*

Le premier de ces systèmes a subsisté chez nous tant qu'ont subsisté aussi dans toute leur vigueur les autres institutions avec lesquelles il se lie, c'est-à-dire pendant plusieurs siècles, et il conserve encore sur les consciences une grande influence, appuyée par de nombreux et d'éloquents défenseurs : indépendamment des idées religieuses qui le consacrent, on ne saurait disconvenir que l'indissolubilité qu'il maintient dans le mariage ne soit un caractère très imposant, ajouté à sa dignité.

D'un autre côté, le second système est celui d'un grand nombre de familles que la République a réunies dans son sein, et sur lesquelles s'étend aujourd'hui l'empire des lois françaises. Depuis douze ans, il a prévalu dans notre législation, comme mieux approprié à l'ordre actuel des choses, où la seule ressource décente qui reste aux femmes contre les maux du mariage, c'est le mariage même. Sous ce rapport, il est plus conséquent aussi avec tous les principes favorables à la population; et c'est pour cela, sans doute, que l'immortel auteur de *l'Esprit des Lois* a dit que *le divorce a ordinairement une grande utilité politique.*

Entre ces deux doctrines rivales, citoyens Législateurs, pourquoi nous mettrions nous dans la nécessité de choisir? Choisir l'une, ce serait rejeter l'autre; et toutes deux cependant peuvent avoir leurs avantages, suivant les sentiments, les personnes et les circonstances. Il semble même qu'en concourant ensemble elles s'enlèvent mutuellement quelques-uns des inconvénients qu'elles pourraient avoir dans la pratique, si elles étaient exclusives. D'ailleurs, la loi que vous avez portée sur le mariage a déjà établi le principe du *divorce*; et votre respect scrupuleux pour la liberté des consciences vous avertit de ne point proscrire la *séparation de corps.*

Le Tribunat, en discutant le projet proposé, s'est donc bien moins attaché à examiner lequel des deux moyens était préférable, qu'à voir comment ils avaient été conciliés, dans quel cas et sous quelles conditions l'un et l'autre avaient pu être admis.

La pensée générale qui l'a occupé dans cet examen, c'est que la société conjugale devait être soigneusement conservée tant qu'il n'était pas évident que ses fondements principaux étaient déjà ruinés.

Or, comme le premier de ces fondements est l'indivisibilité entre les époux, il ne faut qu'en bien approfondir toutes les conséquences, et l'on discernera clairement par quelles infractions le traité se trouve rompu.

Cette indivisibilité est celle de la famille : ainsi la femme adultère rompt le contrat, elle qui trouble par un sang étranger le sang de son époux qu'elle doit transmettre à ses enfants, elle qui altère dans son principe cette affection mutuelle qui doit unir les frères, elle qui comprime jusque dans le cœur de son mari cet abandon au sentiment de la nature, qui est le plus doux charme de la paternité.

Cette indivisibilité est celle de la vie domestique : ainsi le mari adultère rompt le contrat lorsqu'il ose partager sa maison entre la compagne honorable de ses jours et la méprisable complice de ses propres débauches. Malheureux ! qui flétrit par une concurrence avilissante la dignité légitime de son épouse, qui convertit en affronts les hommages qui lui sont dus, et qui ose donner lui-même le scandaleux exemple de la foi violée !

Cette indivisibilité est celle des affections, telle, disent quelques doctes, que la femme ne doit pas se montrer moins indifférente à l'égard de son mari qu'à l'égard de soi, ni le mari autre envers sa femme qu'il n'est envers lui-même. Ainsi, celui-là des deux rompt le contrat, qui, au lieu de l'intérêt que la nature inspire à chacun pour sa propre conservation, ne manifeste envers la moitié qu'il s'est associée que des sentiments destructeurs, soit qu'il attente à sa sûreté par des *excès*, à sa sécurité par des *sévices* ou à son honneur par des *injures graves*.

Cette indivisibilité est celle de tous les droits sociaux : ainsi celui-là rompt le contrat qui, par sa propre faute, dégrade son existence civile ; et tel est le sort de celui qui tombe dans une peine infamante. Lui-même a changé la nature de l'association, lorsqu'au lieu de cette chaîne honorable que les époux doivent porter ensemble, il ne lui laisse plus à partager avec lui que la chaîne honteuse d'un criminel.

Là se trouvent restreintes, par la loi proposée, toutes les causes par lesquelles la société conjugale peut cesser à la demande d'une seule des parties. Et toutes ces causes sont prises de la réciprocité même de leurs obligations.

Si, dans ces cas divers, le traité perd ses effets, sur la réclamation d'un seul des époux, c'est que l'autre, par ses atteintes même, a épuisé le droit qu'il avait de concourir à former la volonté commune; sa conduite est une provocation antérieure à la poursuite, et qui en devient l'aveu. Quand la demande commence, déjà le contrat n'est plus et l'acte définitif qui doit prononcer ne fera qu'étendre par la loi, jusqu'à l'époux qui souffre, un affranchissement où son adversaire avait, par ses propres infractions, osé se placer lui-même.

Sur tous ces points divers, le système du divorce et celui des séparations marchent ensemble; les causes qui motivent l'un sont celles aussi qui motivent l'autre : tous deux exigent une instance juridique; il n'y a que les formes qui soient différentes.

Celles de la séparation n'ont rien qui les distingue des autres actions civiles qui touchent au droit public; seulement il est aisé de sentir qu'il faudra toujours une preuve solennelle sur les faits allégués, et qu'il ne suffira pas de la reconnaissance et de l'aveu des deux parties; autrement la procédure ne ferait que couvrir un consentement mutuel qu'au moins on a voulu repousser dans cette sorte d'action.

Les formes du divorce sont infiniment plus compliquées, et l'on y remarque quatre degrés différents :

1° Une vérification préparatoire et secrète.

2° Une discussion préliminaire pour exa
miner si la demande sera admise ou si elle
sera rejetée.

3° Une instruction publique et décisive.

4° L'examen du fond et le jugement définitif.

Chacun de ces degrés est rempli par des
formalités rigoureuses ; il est prolongé par
les intervalles que peut ménager la sage lenteur de la justice ; il n'est accessible qu'autant que la partie demandresse elle-même
assiste à tout ce qui se passe, et garantit
au juge par sa présence la sincérité de ses
plaintes et la persévérance de sa résolution.

Par ces sages mesures, la liberté du divorce n'en est plus la licence, et, notre jurisprudence sur cette matière a des limites
nouvelles qu'elle ne connaissait pas depuis
la loi de 1792.

En effet, cette loi joignait à des formes
moins prévoyantes un plus grand nombre de
motifs, pour lesquels un seul des époux pouvait être admis à faire prononcer le divorce ;
tels étaient les cas de *démence* ou *fureur*,
ceux *d'abandon*, ceux *d'incompatibilité d'humeur et de caractère*. Notre examen sur la
loi proposée eût été imparfait, si nous n'eus-
sions pris soin de discuter pourquoi ces causes de divorcer encore existantes aujourd'hui,
ont été interdites pour l'avenir.

Sans doute, l'époux dont l'esprit s'aliène,
n'est plus, sous le rapport de l'une de ses
facultés les plus essentielles, le même être

que celui avec qui l'union avait été contractée. Mais dans cette altération cruelle il n'y
a rien de son fait ni de sa volonté, et l'on
ne peut pas dire de lui qu'il a rompu le
contrat. Quand il garde sa foi, pourquoi
donc celle de son associé serait-elle dégagée? et où serait la sublimité des devoirs
du mariage, où serait sa dignité, si, borné
à une simple association de plaisirs, il n'é-
tait pas bien plus encore une assistance
généreuse que deux faibles créatures se prêtent contre tous les maux de l'humanité et
un mutuel entre-support dans la carrière douloureuse de la vie?

L'abandon semble un motif plus spécieux,
mais ce mot présente une idée complexe :
d'abord celle de l'éloignement, qui est un
fait, et celle du délaissement, qui est une
intention. Or si le fait peut être aisément
constaté, il en est autrement de l'intention
qui souvent est contraire, et presque toujours équivoque. De cette ambiguïté peuvent
naître des prétextes trop faciles pour fran-
chir les engagements du mariage ; les exemples n'en sont pas rares, et peut-être leur
multiplicité nous annonce-t elle assez quelle
fut l'intention du législateur. Dans le temps
de nos tempêtes politiques, il voulut qu'il restât une planche secourable aux débris des familles enveloppées dans le naufrage. Mais aujourd'hui le calme heureux dont nous jouissons
nous permet d'oublier cette ressource comme
inutile, et de la repousser comme funeste,

A l'égard de *l'incompatibilité*, Montesquieu
dit que *là où la loi établit des causes qui peuvent rompre le mariage, l'incompatibilité est
la plus forte de toutes.* (1)

Comment donc se fait-il que chez nous elle
en ait été tout à la fois la plus frivole et la
plus abusive, et d'où vient ce décri public
qui la diffame de toutes parts? est-ce le plus
profond de nos écrivains politiques, ou bien
est-ce l'expérience qui nous a trompés? ni
l'un ni l'autre, Citoyens; c'est de la loi elle-
même que vient toute l'erreur.

La véritable incompatibilité, il faut l'avouer,
est le plus grand obstacle dans la société
conjugale. Elle ne la rompt pas seulement,
elle l'empêche même de naître. En lui lais-
sant toutes les apparences matérielles, elle
lui enlève son principal lien, qui est celui
des sentiments et des affections. Deux époux
qui doivent s'appartenir l'un à l'autre tout
entiers demeurent étrangers, ou ennemis par
leurs penchants, par leurs habitûdes, par
toutes les facultés de leurs âmes. S'il est
vrai qu'il n'y a pas de mariage sans consentement, comment pourrait-on dire qu'il
existe une société conjugale là où ce consentement est repoussé par la continuité
d'une aversion invincible ?

Mais pour que l'incompatibité ait tous ces

(1) Cette idée de Montesquieu est parfaitement conforme
à celle que les lois romaines nous donnent du divorce,
d'après l'étymologie même du mot: *divortium à diversi-
tate mentium dictum est.*

ces caractères, il faut qu'elle soit constante, qu'elle soit profonde, et surtout qu'elle soit *mutuelle*. Que pourraient en effet sur l'intégrité du contrat les répugnances et les contradictions qui s'élèvent d'un seul côté, lorsque de l'autre l'accord est maintenu par la patience, par la douceur, et par cet esprit de rapport et d'indulgence que chacun doit aux défauts de ses semblables ?

Il suit de là que l'incompatibilité entre les deux époux ne saurait être démontrée que par *l'aveu commun* qu'ils en font l'un et l'autre, et lorsqu'après s'être réciproquement éprouvés avec persévérance, ils sente nt que le fardeau d'une vie commune leur est insupportable.

Or, c'est ce qu'on n'observa pas assez lors de la rédaction de la première loi. D'abord on omit d'exiger que l'incompatibilité fût *mutuelle* pour opérer le divorce ; et ensuite, par une conséquence nécessaire de cette omission, on fut entraîné jusqu'à dire qu'il suffisait que l'incompatibilité fût, non pas prouvée, mais *alléguée* par l'une des parties. C'est alors que nous avons vu travesti en incompatibilité de caractère les moindres dégoûts, les chagrins les plus légers, les simples contrariétés, et jusqu'aux fantaisies de l'inconstance : ce fut comme une source intarissable où toutes les passions vinrent s'abreuver, et qui inonda la société de scandales.

Le projet de loi proposé préserve désormais nos mœurs d'une telle méprise ; l'incompatibilité a cessé d'y être placée parmi les causes qui peuvent faire prononcer le divorce sur la poursuite d'un seul époux ; mais la juste pensée de l'auteur de l'*Esprit des lois* n'en a que mieux été conservée. En effet, elle se trouve retracée dans l'article 227 en termes devenus plus clairs et plus expressément caractéristiques, sous les formes du divorce par consentement *mutuel*.

A cette seule dénomination, il me semble qu'une voix va s'élever de cette enceinte, qui me dira que si le consentement mutuel suffit dans ce traité solennel qui forme le mariage, il ne suffit pas dans l'acte qui doit le dissoudre. L'intérêt des époux n'est pas le seul que le contrat de mariage embrasse ; c'est encore celui des familles, c'est celui de la société entière.

Ces justes sollicitudes ne nous ont point été étrangères et nous aussi nous avons craint que le consentement mutuel ne fût un asile commode où viendraient se réfugier tous ces dégoûts de deux époux qui, las l'un de l'autre, heurtent contre toutes les barrières pour trouver celle qui s'ouvrira aux écarts de leur indépendance.

Mais ces inquiétudes ont cessé à la vue de toutes les précautions dont la loi s'est environnée.

Que le divorce par voie de répudiation puisse être provoqué dans un de ces mouvements où l'esprit est prompt et l'âme passionnée, sa nature le permet, et les lenteurs de la procédure y mettent seules un obstacle.

Mais le divorce proprement dit, le divorce par consentement mutuel, doit, suivant Montesquieu, être une affaire de délibération et de conseil ; et c'est un de ces caractères essentiels que le projet lui conserve.

Considérez quels sont ceux qui peuvent le demander ; leur volonté passera pour imparfaite, si elle n'est point accompagnée de toutes les circonstances qui rendent parfait le consentement qu'on donne au mariage.

Le mari a-t-il moins de vingt-cinq ans, la femme moins de vingt-et-un ans, leur mésintelligence est imputée à la légèreté de leur âge, ils ne sont pas même entendus.

Ont-ils des parents, je veux dire de ceux qui, placés dans la ligne droite ascendante, conservent toujours sur leur descendant l'autorité de l'âge et de l'expérience, il faut que leur autorisation formelle soit rapportée. La loi semble tenir aux deux époux ce langage : « Quand vous vous êtes unis, des « pères sont intervenus pour me garantir « que vous consentiez à l'union ; faites-les « comparaître encore devant moi, afin qu'ils « m'attestent que leur garantie fut une mé- « prise, et qu'ils se sont trompés comme vous « en souscrivant à ce grand acte de famille ».

Vingt ans se sont-ils écoulés depuis le mariage, et la femme a-t-elle acquis sa quarante-cinquième année, la loi dit encore aux époux : « Ne dédaignez pas dans la saison de

« l'automne, ce qui fit le charme de votre
« printemps : où trouverez-vous ailleurs
« une même constance et de communs sou-
« venirs ? Ne rejetez pas le joug auquel vous
« êtes accoutumés ; il ne vous est pas insup-
« portable puisque vous y fûtes assortis si
« longtemps. »

Ajoutez à cela toutes ces discussions préliminaires sur les intérêts, si propres à refroidir les passions et à convertir les fantaisies
en attention sérieuse, tous ces délais réitérés,
cette nécessité de multiplier ses confidences
et ses demandes auprès des ascendants, cette
épreuve anticipée de la désunion par la
retraite de l'épouse dans une maison convenue, ces formalités judiciaires dont la lenteur
s'accorde si mal avec turbulence des désirs
vagabonds ; et vous reconnaîtrez que rien n'a
été oublié pour que la maturité de la délibération réponde de la persévérance des
volontés.

Mais ni ces formes délicates, ni cette intervention respectable des ascendants, n'auraient
encore été une sanction suffisante au consentement mutuel des époux, si les intérêts
des enfants n'eussent été conservés avec une
prévoyance attentive. Car, c'est pour les
enfants qu'il importe surtout que l'union des
époux ne soit pas fugitive ; non-seulement
ils sont le fruit du mariage, mais c'est aussi
pour les conserver, pour les élever, pour les
protéger, que le mariage a été établi comme
un contrat durable et comme le principe

d'un ordre de sucession légitimo. Ainsi, quand le mariage est dissous par la mort naturelle, quand il est dissous par la mort civile, la protection paternelle suit encore les enfants et ouvre en leur faveur les ressources de l'hérédité. La loi proposée n'a pas voulu que ces ressources leur fussent enlevées par le divorce volontaire. Dès le premier jour où les époux déclarent authentiquement l'intention de dissoudre leurs nœuds, la propriété de leurs biens appartient, pour moitié, à leurs enfants. Et alors le terme mis par le consentement des époux à la perpétuité de leur union, qu'est-il pour les descendants, si non une image du terme que la nature y aurait mis elle-même, et des effets qu'auraient produits ses décrets inévitables?

Dans cette disposition, Législateurs, est la ferme garantie que jamais le divorce par consentement mutuel n'aura lieu que lorsqu'il sera devenu véritablement un remède nécessaire aux désordres d'une famille déjà désunie.

C'est ainsi que, chez les Romains, celui qui, hormis certains cas déterminés, voulait le divorce, était obligé par les lois royales de donner la moitié de ses biens à sa femme, et de consacrer l'autre moitié à Cérès ; et ce fut la véritable cause pour laquelle pendant cinq cents ans, nul ne s'empressa d'user d'une faculté si chèrement achetée. Les historiens ont eu à ce sujet, pour les mœurs Romaines, une admiration beaucoup trop exagérée. Les nôtres, toutes corrompues qu'on les suppose, auraient pu, au même prix, offrir le même prodige.

Cessons donc, Législateurs, ·cessons de craindre que le divorce par consentement mutuel, soumis à de telles conditions, ne devienne un prétexte banal et commode pour les caprices de la légèreté. S'il est entre les époux quelque voie de rupture avouée par l'honnêteté publique, je ne crains pas de dire que c'est celle-là par dessus toutes les autres. Nous aimons à penser que, dans le malheur des dissensions et fautes domestiques, il y aura des moyens de laisser subsister le voile qui les couvre, et de ne pas en propager l'exemple et le scandale dans des discussions juridiques. Vainement une sévérité vertueuse réclamerait-elle contre ces ménagements ; vainement dirait-elle qu'il est salutaire d'imprimer à nos vices intérieurs l'ineffaçable sceau de la honte, vainement s'écrierait-elle qu'en de telles matières la délicatesse est corruption, et la circonspection lâche crainte du ridicule ; il faut rendre justice à l'esprit français, à ce principe actif d'honneur et de générosité qui distingue nos procédés et nos mœurs. C'est lui qui fait redouter à l'époux de se rendre le dénonciateur public de sa femme, d'accuser l'amie de sa jeunesse et de couvrir d'ignominie la mère de ses enfants ; c'est lui qui fait trembler la femme devant l'idée de souiller sa propre pudeur du récit des dé-

sordres d'un époux, de diffamer le nom
qu'elle a porté, et de traîner devant les
tribunaux l'homme qui l'a rendue mère. Si
nos mœurs sont dissolues, permettons-leur
du moins d'être encore nobles et décentes ;
et, par respect pour la piété filiale, laissons
aux époux, même alors qu'ils sont forcés de
se désunir, les moyens d'ensevelir par un
consentement mutuel le secret de leurs torts
et le souvenir de leurs injures.

Cependant, si cette faculté du consentement mutuel a, dans le divorce, un but si
nécessaire et si moral, pourquoi donc ne se
retrouve-t-elle pas également parmi les
moyens de la séparation de corps? N'est-ce
pas une choquante inégalité entre ceux dont
les opinions religieuses supportent l'idée du
divorce, et ceux à qui leur conscience ne permet d'autre voie pour rompre une société
malheureuse que celle de la séparation ?

Cette objection s'est élevée dans le Tribunat, et il est convenable de vous dire par
quels motifs on n'a pas dû s'y arrêter.

Ils sont puisés d'abord dans la nature
même des choses : car, après tout, deux
époux qui consentent mutuellement à se séparer ne peuvent-ils pas le faire sans l'intervention de la loi? Ils n'y trouvent aucun
obstacle, dans l'autorité publique, à moins
que des déréglements notoires n'appellent sur
eux la surveillance. Des formes authentiques
n'ajouteraient donc rien aux effets d'une telle
séparation, sinon d'opérer aussi la sépara-

tion de biens ; or, il est aisé de voir que le consentement mutuel ainsi appliqué deviendrait envers des créanciers une trop facile occasion de fraude.

Ensuite, en considérant la séparation sous le rapport des idées religieuses, on sait que ces idées ont leurs règles qui les dirigent, et que ces règles ne comprennent point le consentement mutuel parmi les causes qui légitiment, au fond des âmes, la rupture de la société conjugale (1). Ce n'est donc point gêner les consciences, c'est respecter au contraire tous leurs scrupules, que de laisser subsister dans la loi les limites qu'elles reconnaissent elles-mêmes à leur propre indépendance.

Enfin, la séparation de biens par consentement mutuel deviendrait infiniment plus abusive que le divorce même, parce que dans la pratique elle serait incompatible avec les mêmes restrictions. En effet, tant que les époux ne feraient que déroger aux clauses principales de leur contrat sans dissoudre le contrat lui-même, il serait déraisonnable d'exiger d'eux ces conditions d'âge, et ce consentement des ascendants qui ajoute tant de

(1) Dans les pays où il y a des cloîtres, il peut exister une séparation canonique par consentement mutuel, lorsque l'un des époux veut, ou que tous deux veulent faire profession monastique ; mais on sent combien une séparation ainsi motivée diffère de celle qui laisserait vivre les deux époux indépendants au milieu du monde.

poids à leur voloaté, lorsqu'elle a le divorce pour objet.

Il serait également déraisonnable que deux époux qui conservent encore tous leurs droits de famille fussent forcés d'abandonner une partie de leurs propriétés à leurs enfants; et, par cette seule différence, le consentement mutuel introduit dans le système de la séparation de corps, y perdrait cette garantie principale qui en écarte les inconvénients et les abus dans le système du divorce.

Il serait surtout déraisonnable d'interdire à ces époux la faculté de se réunir, puisque c'est cet espoir qui fait encore subsister le lien. Ainsi ils pourraient se jouer sans pudeur de la société qu'ils ont formée, la quitter et la reprendre au gré de leurs fantaisies; insultant également à la dignité du mariage par les scandales de leurs divisions, par les désordres de leur isolement et par l'avilissement qui accompagnerait leur réconciliation même : tandis qu'au contraire le divorce, soumis aux sages conditions que le projet de loi lui impose, rend une seconde union impossible entre ces mêmes époux, et tous deux, prêts à consommer leur rupture, sont encore arrêtés par cette idée qu'une telle rupture est irrévocable, et que leur adieu mutuel est un adieu pour toujours.

Mais ce qui est digne surtout de considération, c'est qu'une certaine force de l'opinion publique et la salutaire influence des idées religieuses sont encore pour un grand nombre un contre-poids qui leur fait supporter la société conjugale, plutôt que de recourir au divorce, par lequel ils pourraient la dissoudre. Au contraire, la séparation de corps, qui concilierait tout à la fois les honneurs du mariage avec l'attrait d'une vie indépendante ; qui laisserait subsister tous les droits d'épouse, sans imposer d'autres devoirs envers le mari que celui de porter son nom ; qui permettrait de tirer vanité de la fidélité religieuse lors même qu'il n'y aurait plus de fidélité conjugale : la séparation, dis je, deviendrait bientôt une mode perverse, dont le torrent entraînerait tout ce qui est sur le penchant de la licence.

Cette licence, Législateurs, verra tarir par le projet qui vous est soumis l'une de ses sources les plus fécondes. Heureux les époux, si toutes les précautions dont vous allez environner le divorce, les avertit assez qu'il est moins une faculté qu'un remède, et que tout remède suppose toujours un mal, lorsqu'il n'en est pas un lui-même ! Plus heureux si, voyant dans la loi le tableau des écarts qui portent atteinte à la société conjugale, ils en conçoivent assez d'aversion pour entretenir avec constance l'union à laquelle ils ont attaché leur commune existence !

ANNEXE N° 8.

LOI SUR LE DIVORCE

Décrétée le 21 mars 1803. — Promulguée le 31 du même mois.

(Ancien titre VI du Code civil actuel).

CHAPITRE PREMIER
Des causes du Divorce. .

229. (1) — Le mari pourra demander le divorce pour cause d'adultère de sa femme.

230. — La femme pourra demander le divorce pour cause d'adultère de son mari, lorsqu'il aura tenu sa concubine dans la maison commune.

231. — Les époux pourront réciproquement

(1) Cet article portait primitivement le n° 223. — Lors de sa présentation en 1803 et de son adoption par le Corps législatif d'alors, la loi sur le divorce formait la *Septième loi* et composait le Titre VI du code civil. Elle comprenait les articles 223 à 299 inclus. Par suite de modifications aux Titres précédents, nous la retrouvons classées (toujours au Titre VI), sous les articles 229 à 305 inclus. Cette loi est restée en vigueur jusqu'au 8 mai 1816.

demander le divorce pour excès, sévices ou injures graves, de l'un d'eux envers l'autre.

232. — La condamnation de l'un des époux à une peine infamante sera pour l'autre époux une cause de divorce.

233. — Le consentement mutuel et persévérant des époux, exprimé de la manière prescrite par la loi, sous les conditions et après les épreuves qu'elle détermine, prouvera suffisamment que la vie commune leur est insupportable, et qu'il existe, par rapport à eux une cause péremptoire de divorce.

CHAPITRE II

Du Divorce pour cause déterminée.

SECTION PREMIÈRE

Des formes du Divorce pour cause déterminée.

234. — Quelle que soit la nature des faits ou des délits qui donneront lieu à la demande en divorce pour cause déterminée, cette demande ne pourra être formée qu'au tribunal de l'arrondissement dans lequel les époux auront leur domicile.

235 . — Si quelques-uns des faits allégués par l'époux demandeur donnent lieu à une poursuite criminelle de la part du ministère public, l'action en divorce restera suspendue jusqu'à l'arrêt de la cour d'assises ; alors elle pourra être reprise, sans qu'il soit permis d'inférer de l'arrêt aucune fin de non-recevoir ou exception préjudicielle contre l'époux demandeur.

236. — Toute demande en divorce détaillera les faits : elle sera remise, avec les pièces à l'appui, s'il y en a, au président du tribunal ou au juge qui en fera les fonctions, par l'époux demandeur en personne, à moins qu'il n'en soit empêché par maladie ; auquel cas, sur sa réquisition et le certificat de deux docteur en médecine ou en chirurgie, ou de deux officiers de santé, le magistrat se transportera au domicile du demandeur, pour y recevoir sa demande.

237. — Le juge, après avoir entendu le demandeur, et lui avoir fait les observations qu'il croira convenables, paraphera la demande et les pièces, et dressera procès-verbal de la remise du tout en ses mains. Ce procès-verbal sera signé par le juge et par le demandeur, à moins que celui-ci ne sache ou ne puisse signer ; auquel cas il en sera fait mention.

238. — Le juge ordonnera, au bas de son procès-verbal, que les parties comparaîtront en personne devant lui, au jour et à l'heure qu'il indiquera : et qu'à cet effet, copie de son ordonnance sera par lui adressée à la partie contre laquelle le divorce est demandé.

239. — Au jour indiqué, le juge fera aux deux époux, s'ils se présentent, ou au demandeur, s'il est seul comparant, les représentations qu'il croira propres à opérer un rapprochement : s'il ne peut y parvenir, il en dressera procès-verbal et ordonnera la communication de la demande et des pièces au ministère public, et le référé du tout, au tribunal.

240. — Dans les trois jours qui suivront, le tribunal, sur le rapport du président ou du juge qui en aura fait les fonctions, et sur les conclusions du ministère public, accordera ou suspendra la permission de citer. La suspension ne pourra excéder le terme de vingt jours.

241. — Le demandeur, en vertu de la permission du tribunal, fera citer le défendeur, dans la forme ordinaire, à comparaître en personne à. l'audience, à huis-clos, dans le délai de la loi ; il fera donner copie, en tête de la citation, de la demande en divorce et des pièces produites à l'appui.

242. — A l'échéance du délai, soit que le défendeur comparaisse ou non, le demandeur en personne, assisté d'un conseil, s'il le juge à propos, exposera ou fera exposer les motifs de sa demande ; il représentera les pièces qui l'appuient, et nommera les témoins qu'il se propose de faire entendre.

243. — Si le défendeur comparaît en personne ou par un fondé de pouvoir, il pourra proposer ou faire proposer ses observations, tant sur les motifs de la demande que sur les pièces produites par le demandeur et sur les témoins par lui nommés. Le défendeur nommera, de son côté, les témoins qu'il se propose de faire entendre, et sur lesquels le demandeur fera réciproquement ses observations.

244. — Il sera dressé procès-verbal des comparutions, dires et observations des parties, ainsi que des aveux que l'une ou l'autre pourra faire. Lecture de ce procès-verbal sera donnée auxdites parties, qui seront requises de le signer ; et il sera fait mention expresse de leur signature, ou de leur déclaration de ne pouvoir ou ne vouloir signer.

245. — Le tribunal renverra les parties à l'audience publique, dont il fixera le jour et l'heure ; il ordonnera la communication de la procédure au ministère public et commettra un rapporteur. Dans le cas où le défendeur n'aurait pas comparu, le demandeur sera tenu de lui faire signifier l'ordonnance du tribunal, dans le délai qu'elle aura déterminé.

246. — Au jour et à l'heure indiqués, sur le rapport du juge commis, le ministère public entendu, le tribunal statuera d'abord sur les fins de non-recevoir, s'il en a été proposé. En cas qu'elles soient trouvées concluantes, la demande en divorce sera rejetée ; dans le cas contraire, ou s'il n'a pas été proposé de fins de non-recevoir, la demande en divorce sera admise.

247. — Immédiatement après l'admission de la demande en divorce, sur le rapport du juge commis, le ministère public entendu, le tribunal statuera au fond. Il fera droit à la demande, si elle lui paraît en état d'être jugée ; sinon, il admettra le demandeur à la preuve des faits pertinents par lui allégués, et le défendeur à la preuve contraire.

248. — A chaque acte de la cause, les parties pourront, après le rapport du juge, et avant que le ministère public ait pris la parole, proposer ou faire proposer leurs moyens respectifs, d'abord sur les fins de non-recevoir, et ensuite sur le fond ; mais en aucun cas le conseil du demandeur ne sera admis, si le demandeur n'est pas comparant en personne.

249. — Aussitôt après la prononciation du jugement qui ordonnera les enquêtes, le greffier

du tribunal donnera lecture de la partie du procès-verbal qui contient la nomination déjà faite des témoins que les parties se proposent de faire entendre. Elles seront averties par le président, qu'elles peuvent encore en désigner d'autres, mais qu'après ce moment elles n'y seront plus reçues.

250. — Les parties proposeront de suite leurs reproches respectifs contre les témoins qu'elles voudront écarter. Le tribunal statuera sur ces reproches, après avoir entendu le ministère public.

251. — Les parents des parties, à l'exception de leurs enfants et descendants, ne sont pas reprochables du chef de la parenté, non plus que les domestiques des époux, en raison de cette qualité ; mais le tribunal aura tel égard que de raison aux dépositions des parents et des domestiques.

252. — Tout jugement qui admettra une preuve testimoniale, dénommera les témoins qui seront entendus, et déterminera le jour et l'heure auxquels les parties devront les présenter.

253. — Les dépositions des témoins seront reçues par le tribunal séant à huis-clos, en présence du ministère public, des parties, et de leurs conseils ou amis, jusqu'au nombre de trois de chaque côté.

254. — Les parties, par elles ou par leurs conseils, pourront faire aux témoins telles observations et interpellations qu'elles jugeront à propos, sans pouvoir néanmoins les interrompre dans le cours de leurs dépositions.

255. — Chaque déposition sera rédigée par

écrit, ainsi que les dires et observations auxquels elle aura donné lieu. Le procès-verbal d'enquête sera lu tant aux témoins qu'aux parties ; les uns et les autres seront requis de le signer ; et il sera fait mention de leur signature ou de leur déclaration qu'ils ne peuvent ou ne veulent signer.

256. — Après la clôture des deux enquêtes ou de celle du demandeur, si le défendeur n'a pas produit de témoins, le tribunal renverra les parties à l'audience publique, dont il indiquera le jour et l'heure ; il ordonnera la communication de la procédure au ministère public, et commettra un rapporteur. Cette ordonnance sera signifiée au défendeur, à la requête du demandeur, dans le délai qu'elle aura déterminé.

257. — Au jour fixé par le règlement définitif, le rapport sera fait par le juge commis : les parties pourront ensuite faire, par elles-mêmes ou par l'organe de leurs conseils, telles observations qu'elles jugeront utiles à leur cause ; après quoi le ministère public donnera ses conclusions.

258. — Le jugement définitif sera prononcé publiquement : lorsqu'il admettra le divorce, le demandeur sera autorisé à se retirer devant l'officier de l'état civil pour le faire prononcer.

259. — Lorsque la demande en divorce aura été formée pour cause d'excès, de sévices ou d'injures graves, encore qu'elle soit bien établie, les juges pourront ne pas admettre immédiatement le divorce. Dans ce cas, avant de faire droit, ils autoriseront la femme à quitter la compagnie de son mari, sans être tenue de le recevoir, si elle ne le juge à propos ; et ils condamneront le mari à lui payer une pension alimen-

taire proportionnée à ses facultés, si la femme n'a pas elle-même des revenus suffisants pour fournir à ses besoins.

260. — Après une année d'épreuves, si les parties ne se sont pas réunies, l'époux demandeur pourra faire citer l'autre époux à comparaître au tribunal dans les délais de la loi, pour y entendre prononcer le jugement définitif, qui pour lors admettra le divorce.

261. — Lorsque le divorce sera demandé par la raison qu'un des époux est condamné à une peine infamante, les seules formalités à observer consisteront à présenter au tribunal de première instance une expédition en bonne forme du jugement de condamnation, avec un certificat de la cour d'assises, portant que ce même jugement n'est pas susceptible d'être réformé par aucune voie légale.

262. — En cas d'appel du jugement d'admission, ou du jugement définitif, rendu par le tribunal de première instance en matière de divorce, la cause sera instruite et jugée par la cour d'appel comme affaire urgente.

263. — L'appel ne sera recevable qu'autant qu'il aura été interjeté dans les trois mois à compter du jour de la signification du jugement rendu contradictoirement ou par défaut. — Le délai pour se pourvoir à la cour de cassation contre un jugement en dernier ressort, sera aussi de trois mois à compter de la signification. Le pourvoi sera suspensif.

264. — En vertu de tout jugement rendu en dernier ressort ou passé en force de chose jugée, qui autorisera le divorce, l'époux qui l'aura obtenu sera obligé de se présenter, dans le

délai de deux mois, devant l'officier de l'état civil, l'autre partie dûment appelée, pour faire prononcer le divorce.

265. — Ces deux mois ne commenceront à courir, à l'egard des jugements de première instance, qu'après l'expiration du délai d'appel ; à l'égard des arrêts rendus par défaut en cause d'appel, qu'après l'expiration du délai d'opposition ; à l'égard des jugements contradictoires en dernier ressort, qu'après l'expiration du délai du pourvoi en cassation.

266. — L'époux demandeur qui aura laissé passer le délai de deux mois ci-dessus déterminé, sans appeler l'autre époux devant l'officier de l'état civil, sera déchu du bénéfice du jugement qu'il avait obtenu, et ne pourra reprendre son action en divorce, sinon pour cause nouvelle ; auquel cas il pourra néanmoins faire valoir les anciennes causes.

SECTION II.

Des mesures provisoires auxquelles peut donner lieu la demande en divorce pour cause déterminée.

267. — L'administration provisoire des enfants restera au mari demandeur ou défendeur en divorce, à moins qu'il n'en soit autrement ordonné par le tribunal, sur la demande, soit de la mère, soit de la famille, ou du ministère public, pour le plus grand avantage des enfants.

268. — La femme demanderesse ou défenderesse en divorce, pourra quitter le domicile du mari pendant la poursuite, et demander une pension alimentaire proportionnée aux facultés

du mari. Le tribunal indiquera la maison dans laquelle la femme sera tenue de résider, et fixera, s'il y a lieu, la provision alimentaire que le mari sera obligé de lui payer.

269. — La femme sera tenue de justifier de sa résidence dans la maison indiquée, toutes les fois qu'elle en sera requise : à défaut de cette justification, le mari pourra refuser la provision alimentaire, et, si la femme est demanderesse en divorce, la faire déclarer non recevable à continuer ses poursuites.

270. — La femme commune en biens, demanderesse ou défenderesse en divorce, pourra en tout état de cause, à partir de la date de l'ordonnance dont il est fait mention en l'article 238, requérir pour la conservation de ses droits, l'apposition des scellés sur les effets mobiliers de la communauté. Ces scellés ne seront levés qu'en faisant inventaire avec prisée et à la charge par le mari de représenter les choses inventoriées, ou de répondre de leur valeur comme gardien judiciaire.

271. — Toute obligation contractée par le mari à la charge de la communauté, toute aliénation par lui faite des immeubles qui en dépendent, postérieurement à la date de l'ordonnance dont il est fait mention à l'art. 238, sera déclarée nulle, s'il est prouvé d'ailleurs qu'elle ait été faite ou contractée en fraude des droits de la femme.

SECTION III.

Des fins de non-recevoir contre l'action en divorce pour cause déterminée.

272. — L'action en divorce sera éteinte par la

réconciliation des époux, survenue, soit depuis les faits qui auraient pu autoriser cette action, soit depuis la demande en divorce.

273. — Dans l'un et l'autre cas, le demandeur sera déclaré non recevable dans son action; il pourra néanmoins en intenter une nouvelle pour cause survenue depuis la réconciliation, et alors faire usage des anciennes causes pour appuyer sa nouvelle demande.

274. — Si le demandeur en divorce nie qu'il y ait eu réconciliation, le défendeur en fera preuve, soit par écrit, soit par témoins, dans la forme prescrite en la première section du présent chapitre.

CHAPITRE III

Du divorce par consentement mutuel.

275. — Le consentement mutuel des époux ne sera point admis, si le mari a moins de vingt-cinq ans, ou si la femme est mineure de vingt-et-un ans.

276. — Le consentement mutuel ne sera admis qu'après deux ans de mariage.

277. — Il ne pourra plus l'être après vingt ans de mariage, ni lorsque la femme aura quarante-cinq ans.

278. — Dans aucun cas, le consentement mutuel des époux ne suffira, s'il n'est autorisé par leurs pères et mères, ou par leurs autres ascendants vivants suivant les règles prescrites par l'art. 150, au titre DU MARIAGE.

279. — Les époux déterminés à opérer le di-

vorce par consentement mutuel, seront tenus de faire préalablement inventaire et estimation de tous leurs biens meubles et immeubles, et de régler leurs droits respectifs, sur lesquels il leur sera néanmoins libre de transiger. .

280. — Ils seront pareillement tenus de constater par écrit leur convention sur les trois points qui suivent: 1º A qui les enfants nés de leur union seront confiés, soit pendant le temps des épreuves, soit après le divorce prononcé ; — 2º dans quelle maison la femme devra se retirer et résider pendant le temps des épreuves; — 3º quelle somme le mari devra payer à sa femme pendant le même temps, si elle n'a pas des revenus suffisants pour fournir à ses besoins.

281. — Les époux se présenteront ensemble, et en personne, devant le président du tribunal civil de leur arrondissement, ou devant le juge qui en fera les fonctions, et lui feront la déclaration de leur volonté, en présence de deux notaires amenés par eux.

282. — Le juge fera aux deux époux réunis, et à chacun d'eux en particulier, en présence des deux notaires, telles représentations et exhortations qu'il croira convenables; il leur donnera lecture du Chapitre IV du présent titre, qui règle les *effets du divorce*, et leur développera toutes les conséquences de leur démarche.

283. — Si les époux persistent dans leur résolution, il leur sera donné acte par le juge, de ce qu'ils demandent le divorce, et y consentent mutuellement, et ils seront tenus de produire et déposer à l'instant, entre les mains des notaires, outre les actes mentionnés aux

articles 279 et 280 : — 1° les actes de leur naissance et celui de leur mariage ; — 2° les actes de naissance et de décès de tous les enfants nés de leur union ; — 3° la déclaration authentique de leurs pères et mères ou autres ascendants vivants, portant que, pour les causes à eux connues, ils autorisent tel *ou* telle, leur fils *ou* fille, petit-fils *ou* petite-fille, marié *ou* mariée à tel *ou* telle, à demander le divorce et à y consentir. Les pères, mères, aïeuls et aïeules des époux, seront présumés vivants jusqu'à la représentation des actes constatant leur décès.

284. — Les notaires dresseront procès-verbal détaillé de tout ce qui aura été dit et fait en exécution des articles précédents ; la minute en restera au plus âgé des deux notaires, ainsi que les pièces produites, qui demeureront annexées au procès-verbal, dans lequel il sera fait mention de l'avertissement qui sera donné à la femme de se retirer, dans les vingt-quatre heures, dans la maison convenue entre elle et son mari, et d'y résider jusqu'au divorce prononcé.

285. — La déclaration ainsi faite sera renouvelée dans la première quinzaine de chacun des quatrième, septième et dixième mois qui suivront, en observant les mêmes formalités. Les parties seront obligées à rapporter chaque fois la preuve, par acte public, que leurs pères, mères, ou autres ascendants vivants, persistent dans leur première détermination ; mais elles ne seront tenues à répéter la reproduction d'aucun autre acte.

286. — Dans la quinzaine du jour où sera révolue l'année, à compter de la première déclaration, les époux assistés chacun de deux

amis, personnes notables dans l'arrondissement, âgés de cinquante ans au moins, se présenteront ensemble et en personne devant le président du tribunal ou le juge qui en fera les fonctions ; ils lui remettront les expéditions en bonne forme des quatre procès-verbaux contenant leur consentement mutuel, et de tous les actes qui y auront été annexés, et requerront du magistrat, chacun séparément, en présence néanmoins l'un de l'autre et des quatre notables, l'admission du divorce.

287. — Après que le juge et les assistants auront fait leurs observations aux époux, s'ils persévèrent, il leur sera donné acte de leur réquisition et de la remise par eux faite des pièces à l'appui : le greffier du tribunal dressera procès-verbal, qui sera signé tant par les parties, (à moins qu'elles ne déclarent ne savoir ou ne pouvoir signer, auquel cas il en sera fait mention), que par les quatre assistants, le juge et le greffier.

288. — Le juge mettra de suite, au bas de ce procès-verbal, son ordonnance, portant que, dans les trois jours, il sera par lui référé du tout au tribunal en la chambre du conseil, sur les conclusions par écrit du ministère public, auquel les pièces seront, à cet effet, communiquées par le greffier.

289. — Si le ministère public trouve dans les pièces la preuve que les deux époux étaient âgés, le mari de vingt-cinq ans, la femme de vingt-et-un ans, lorsqu'ils ont fait leur première déclaration ; qu'à cette époque ils étaient mariés depuis deux ans, que le mariage ne remontait pas à plus de vingt, que la femme avait moins de quarante-cinq ans, que le consente-

ment mutuel a été exprimé quatre fois dans le cours de l'année, après les préalables ci-dessus prescrits et avec toutes les formalités requises par le présent chapitre, notamment avec l'autorisation des pères et mères des époux, ou avec celle de leurs autres ascendants vivants en cas de prédécès des pères et mères, il donnera ses conclusions en ces termes: *La loi permet* ; dans le cas contraire, ses conclusions seront en ces termes : *La loi empêche.*

190. — Le tribunal sur le référé, ne pourra faire d'autres vérifications que celles indiquées par l'article précédent. S'il en résulte que, dans l'opinion du tribunal, les parties ont satisfait aux conditions et rempli les formalités déterminées par la loi, il admettra le divorce, et renverra les parties devant l'officier de l'état civil, pour le faire prononcer ; dans le cas contraire, le tribunal déclarera qu'il n'y a pas lieu à admettre le divorce et déduira les motifs de la décision.

291. — L'appel du jugement qui aurait déclaré ne pas y avoir lieu à admettre le divorce, ne sera recevable qu'autant qu'il sera interjeté par les deux parties, et néanmoins par actes séparés, dans les dix jours au plus tôt, et au plus tard dans les vingt jours de la date du jugement de première instance.

292. — Les actes d'appel seront réciproquement signifiés tant à l'autre époux, qu'au ministère public près le tribunal de première instance.

293. — Dans les dix jours, à compter de la signification qui lui aura été faite du second acte d'appel, le ministère public près le tribu-

nal de première instance fera passer au procureur général près la cour d'appel l'expédition du jugement, et les pièces sur lesquelles il est intervenu. Le procureur général près la cour d'appel donnera ses conclusions par écrit, dans les dix jours qui suivront la réception des pièces: le président, ou le juge qui le suppléera, fera son rapport à la cour d'appel, en la chambre du conseil, et il sera statué définitivement dans les dix jours qui suivront la remise des conclusions du procureur général.

294. — En vertu de l'arrêt qui admettra le divorce, et dans les vingt jours de sa date, les parties se présenteront ensemble et en personne devant l'officier de l'état civil, pour faire prononcer le divorce ; ce délai passé, le jugement demeurera comme non avenu.

CHAPITRE IV.

Des effets du Divorce.

295. — Les époux qui divorceront pour quelque cause que ce soit ne pourront plus se réunir.

296. — Dans le cas de divorce prononcé pour cause déterminée, la femme divorcée ne pourra se remarier que dix mois après le divorce prononcé.

297. — Dans le cas de divorce par consentement mutuel, aucun des deux époux ne pourra contracter un nouveau mariage que trois ans après la prononciation du divorce.

298. — Dans le cas de divorce admis en justice pour cause d'adultère, l'époux coupable ne pourra jamais se marier avec son complice.

La femme adultère sera condamnée par le même jugement, et sur la réquisition du ministère public, à la réclusion dans une maison de correction, pour un temps déterminé, qui ne pourra être moindre de trois mois, ni excéder deux années.

299. — Pour quelque cause que le divorce ait lieu, hors le cas du consentement mutuel, l'époux contre lequel le divorce aura été admis perdra tous les avantages que l'autre époux lui avait faits, soit par leur contrat de mariage, soit depuis le mariage contracté.

300. — L'époux qui aura obtenu le divorce conservera les avantages à lui faits par l'autre époux, encore qu'ils aient été stipulés réciproques et que la réciprocité n'ait pas lieu.

301. — Si les époux ne s'étaient fait aucun avantage, ou si ceux stipulés ne paraissaient pas suffisants pour assurer la subsistance de l'époux qui a obtenu le divorce, le tribunal pourra lui accorder, sur les biens de l'autre époux, une pension alimentaire qui ne pourra excéder le tiers des revenus de cet autre époux ; cette pension sera révocable dans le cas où elle cesserait d'être nécessaire.

302. — Les enfants seront confiés à l'époux qui a obtenu le divorce, à moins que le tribunal, sur la demande de la famille, ou du ministère public, n'ordonne, pour le plus grand avantage des enfants que tous ou quelques-uns d'eux seront confiés aux soins, soit de l'autre époux, soit d'une tierce personne.

303. — Quelle que soit la personne à laquelle les enfants seront confiés, les père et mère conserveront respectivement le droit de

14*

surveiller l'entretien et l'éducation de leurs enfants, et seront tenus d'y contribuer à proportion de leurs facultés.

304. — La dissolution du mariage par le divorce admis en justice ne privera les enfants nés de ce mariage d'aucun des avantages qui leur étaient assurés par les lois, ou par les conventions matrimoniales de leurs père et mère ; mais il n'y aura d'ouverture aux droits des enfants que de la même manière et dans les mêmes circonstances où ils se seraient ouverts, s'il n'y a avait pas eu de divorce.

305. — Dans le cas de divorce par consentement mutuel, la propriété de la moitié des biens de chacun des deux époux sera acquise de plein droit, du jour de leur première déclaration, aux enfants nés de leur mariage : les père et mère conserveront néanmoins la jouissance de cette moitié jusqu'à la majorité de leurs enfants, à la charge de pourvoir à leur nourriture, entretien et éducation, conformément à leur fortune et à leur état ; le tout sans préjudice des autres avantages qui pourraient avoir été assurés aux dits enfants par les conventions matrimoniales de leurs père et mère.

ANNEXE N° 9.

LOI

DU 8 MAI 1816.

Abrogative du divorce.

—

Art. 1er. — Le divorce est aboli.

Art. 2. — Toutes demandes et instances en divorce pour causes déterminées, sont converties en demandes et instances en séparation de corps; les jugements et arrêts restés sans exécution par défaut de prononciation du divorce par l'officier civil, conformément aux articles 227, 264, 265 et 266 du Code civil, sont restreints aux effets de la séparation.

Art. 3. — Tous actes faits pour parvenir au divorce par consentement mutuel sont annulés; les jugements et arrêts rendus en ce cas, mais non suivis de la prononciatiou du divorce, sont considérés comme non avenus, onformément à l'article 294.

ANNEXE N° 10.

1831. — 1832. — 1833. — 1834.

En 1831, M. de Schoner demanda le rétablissement du divorce.

La chambre des députés fit, à cette proposition, un accord favorable.

Mais la chambre des Pairs, dominée par l'esprit clérical, opposa son *veto*.

La loi fut ainsi repoussée.

En 1832, en 1833 et en 1834, de nouveaux efforts furent tentés.

C'est à l'occasion de ce long et solennel débat que M. Odilon Barrot écrivit le remarquable rapport dont le texte forme l'annexe n° 11 ci-après.

Conformément aux conclusions de cet éloquent rapport, la chambre des députés vota de nouveau le rétablissement de la loi sur le divorce.

Et de nouveau la chambre des Pairs repoussa la proposition.

Ainsi, en l'espace de quatre années, la chambre des députés vote quatre fois le rétablissement de la loi sur le Divorce, et quatre fois la loi est rejetée par la chambre des Pairs !

A partir de 1834, il n'en fut plus jamais question sous le règne de Louis-Philippe.

C'est ce qui permit à l'homme qui devint plus tard Napoléon III, de s'écrier dès 1840 en s'adressant au gouvernement dont il rêvait la chute :

« Avez-vous rétabli la loi du divorce, qui « *garantissait la moralité des familles ?*

ANNEXE N° 11.

—

RAPPORT

DE M. ODILON BARROT SUR LE DIVORCE.

—

Le mot latin *divortium* a été formé, s'il faut en croire Justinien, des deux mots *diversitas mentium*, dont le sens est assez exactement rendu par l'expression l'*incompatibilité d'humeur*.

Divortium, comme *diversitas* (divergence), exprime littéralement l'action de deux personnes, qui quittent une route qu'elles suivaient ensemble, pour prendre deux chemins différents, où chaque pas les éloigne l'une de l'autre.

Le mot *divorce* a en français un double sens : tantôt il exprime l'action même de la rupture du lien qui unissait deux époux, tantôt l'état de deux époux rendus ainsi à la liberté. Dans le premier sens, on dit que le divorce dissout le mariage ; dans le second, que les enfants nés pendant le divorce, n'ont pas pour père le mari divorcé.

Il y a, entre la nullité du mariage et sa dissolution par le divorce, cette différence que la nullité n'est jamais prononcée que pour une cause antérieure au mariage, le di-

vorce, au contraire, pour une cause posté-
rieure ; que le mariage déclaré nul est censé
n'avoir jamais existé, tandis que sa dissolution par le divorce suppose, jusqu'au moment de cette dissolution, son existence régulière et valable.

Les nullités de mariage ont été admises
par toutes les législations, et il n'en pouvait
être autrement. Là où la loi civile consacre
le mariage par certaines formes solennelles,
il est impossible que la violation de ces
formes, lorsqu'elle atteint un certain degré
de gravité, n'entraîne pas la nullité du mariage comme contrat civil. Là même où le
contrat civil n'est parfait que par la consécration religieuse, la loi religieuse admet
également des nullités qui vicient le mariage
dès l'origine, et la constatation rétablit les
époux dans leur liberté première, qu'ils sont
censés n'avoir jamais perdue.

Mais la nullité ne peut être invoquée que
contre le mariage qui a été vicié dès le
principe, et dont l'existence n'a été à aucun
moment régulière. Il n'y a là de remède que
contre le vice antérieur du contrat, et il
restait à prévoir le cas où le lien conjugal,
valablement et régulièrement formé, devrait
être brisé ou relâché par la loi. Ce cas a
été prévu par toutes les législations religieuses ou civiles, et c'était une nécessité;
car quel législateur eût osé dire aux époux :

« Le lien qui vous unit restera toujours

aussi étroitement serré qu'à l'instant du contrat, quelques changements qui surviennent
dans vos relations réciproques. Alors même
que le lit conjugal aura été souillé par les
plus sales débauches, alors que le pain de
vos enfants aura été prodigué pour alimen-
ter l'adultère, alors que, dans le délire de
la passion, l'un de vous aura attenté à la
vie de l'autre, et que, saisi dans son crime
par les ministres de la loi, il aura été flétri de l'infamie, ne me demandez pas une
issue hors du domicile conjugal, je la refu-
serais! Ne me demandez pas d'allonger au
moins votre chaîne pour laisser entre vous et le
coupable la place de la haine et du mépris,
je serais sans pitié! Vainement vous me
crieriez que votre cœur est flétri, votre vie
empoisonnée; que la misère, le vice, les
maladies viennent assiéger votre foyer! Je
serais sourd! »

Aucune législation, disons-nous, n'a osé
pousser jusqu'à cet excès le principe de l'inviolabilité du lien conjugal. Il n'en est pas
une seule qui n'ait reculé devant l'idée de
refuser tout remède au désordre, toute protection à la victime, et celles-là ont relâché
le lien conjugal, qui n'ont pas cru devoir le
rompre. De là la *séparation de corps*, de là
le *divorce*.

Tous les dogmes religieux, toutes les lois
civiles, sont d'accord sur ce point, que par
cela seul qu'il y a eu de la part d'une des

parties violation de ses obligations, il y a nécessité de modifier le contrat primitif, et de relever l'autre partie de tout ou portion des engagements contractés par elle. Le dissentiment ne s'élève que sur la question de savoir si on laissera seulement à l'époux outragé le choix entre les tortures de la cohabitation conjugale et la séparation de corps, ou bien si on lui permettra d'opter entre la cohabitation, la séparation et le divorce. C'est, en effet, dans ces termes que la question du divorce est aujourd'hui posée en France. Il ne s'agit plus d'opter entre deux institutions et de proscrire l'une en accueillant l'autre. Cette nécessité n'existe heureusement pas. Si la loi du 20 septembre 1792 a admis le divorce à l'exclusion de la séparation; si la loi du 8 mai 1816 a admis la séparation à l'exclusion du divorce, le Code civil, plus tolérant, a su concilier le respect dû à d'honorables scrupules religieux avec les droits de l'individu et les intérêts de la société; et il a laissé à la conscience de l'époux outragé le choix entre les deux issues qu'il lui ouvrait pour fuir la persécution et l'infamie.

Mais si les partisans du divorce sont d'accord aujourd'hui que la séparation de corps doit avoir sa place à côté de lui dans la loi, les partisans de la séparation se montrent plus exclusifs, et ne veulent pas que le législateur laisse à l'époux outragé d'autre refuge que la séparation. Le divorce est-il donc quelque chose d'impie, quelque chose d'impolitique, quelque chose d'immoral ? C'est, en effet, sous ce triple aspect, moral, politique et religieux, que se présente la question du divorce, qui depuis tant de siècles divise les esprits ; et, chose singulière ! dans chacun de ces trois ordres d'idées le divorce a eu ses partisans et ses adversaires ; et il n'y a pas eu plus d'unanimité parmi les théologiens pour lui lancer l'anathème que parmi les philosophes pour le défendre et le préconiser.

Quoique, en droit, les époux *séparés* puissent se réunir, à la différence des époux *divorcés*, qui, sous le Code civil, ne le pouvaient pas et qui le pourraient sous toute autre loi, en fait, il y a très peu d'exemples de ces réunions après séparation ; aussi, la seule différence radicale et profonde qui existe entre la séparation et le divorce, c'est que la séparation interdit aux époux toute nouvelle union, tandis que le divorce leur permet de chercher leur bonheur dans un nouveau mariage. On pourrait définir le divorce une séparation avec faculté de se remarier, et réciproquement la séparation un divorce avec interdiction de se remarier. C'est dans cette faculté ou cette interdiction de contracter une nouvelle union qu'est tout l'intérêt de la question du divorce, question dont nous ne sommes ici que les simples rapporteurs. Chez tous les peuples, on trouve dans les commencements de l'histoire du divorce le droit de répudiation de la femme pour le mari : c'est ce principe, fondé sur le droit despotique du mari dans le ménage, qui, chez les Juifs, chez les Grecs, chez les Romains, recèle le germe d'une réforme fondée sur l'idée de l'égalité de l'homme et de la femme. C'est Hérode chez les Juifs, c'est Solon chez les Grecs ; à Rome, c'est Domitien, qui, rendant à l'épouse son rang et sa dignité, lui attribuent le droit de demander la dissolution du mariage contre son mari, comme son mari a ce droit contre elle. Le divorce a été un progrès moral sur la répudiation. Mais il est remarquable que la répudiation est, comme le divorce, une rupture complète du lien conjugal, et que, pour passer de l'une à l'autre, le législateur n'a eu qu'à appeler la femme au partage des droits du mari pendant la durée du mariage, et non à créer à sa dissolution des conséquences que la répudiation entraîne aussi bien que le divorce.

Lorsque le christianisme commence à s'établir, les Pères de l'Église se partagent sur la question de l'indissolubilité du lien conjugal. Saint Épiphane et saint Ambroise admettent le divorce ; saint Augustin le repousse. Quand arrive la grande scission entre les Églises d'Orient et d'Occident, l'Église grecque se déclare tout entière pour l'opinion favorable au divorce, et aujourd'hui encore ses dogmes le reconnaissent et l'ad-

mettent. Les décisions de l'Eglise romaine
à cet égard sont longtemps empreintes d'hésitation et d'incertitude. Elle autorise vingt
de nos rois à répudier leurs femmes pour en
épouser d'autres; notre histoire nous offre
presque autant de reines répudiées que de
reines qui sont mortes avec leur couronne.
Le dogme se fixe enfin, et interdit la répudiation et le divorce; mais l'Église alors
multiplie les causes de nullité au point de
laisser croire qu'elle veut reproduire sous
un autre nom cette institution qu'elle proscrit. La réforme accepte le divorce, et il est
aujourd'hui consacré par les lois dans tous
les pays protestants. Lorsque, après la réforme religieuse accomplie, vient le tour de la
réforme politique, la loi du 20 septembre 1792
accorde plus même que le divorce, et donne
aux époux une sorte de droit de répudiation
réciproque qu'elle appelle *incompatibilité d'humeur*; et, dans sa haine contre le catholicisme,
elle proscrit la séparation de corps, seule institution que le dogme catholique avoue. Le Code
civil, en réintégrant dans la loi la séparation
de corps, place à côté d'elle, non plus la répudiation réciproque de 1792, mais le divorce
sévèrement restreint dans ses causes, et entouré des formes les plus lentes et les plus
solennelles. Cependant l'institution du divorce,
réduite à ces termes, n'a pu trouver grâce devant la réaction religieuse de 1816, et le 8
mai, une loi est rendue qui efface du code
civil le divorce, et cette loi, malgré deux ten-

tatives infructueuses faites en 1831 et 1832 pour l'abolir, est encore aujourd'hui celle qui régit la France.

Si la loi civile devait repousser le divorce par cette seule considération qu'il est proscrit par le dogme catholique, il est évident tout d'abord, que le divorce ne devrait être interdit qu'à ceux-là seuls dont la croyance est incompatible avec lui ; car la loi civile n'aurait aucune raison de se montrer plus sévère pour les non-catholiques que leur loi religieuse. Parmi les catholiques eux-mêmes, ceux-là seulement seraient atteints par la prohibition de la loi religieuse, dont l'union aurait été consacrée par la religion, car le sacrement seul rend le mariage indissoluble. Et si avant 1789, le sacrement était un élément essentiel du mariage, il n'en est pas de même aujourd'hui que le contrat civil est parfait par lui-même, et que la consécration religieuse n'ajoute rien, aux yeux de la loi, à sa force ni à sa sainteté.

Et maintenant, cette renonciation au divorce, réduite à ces termes, serait-ce autre chose qu'une question de conscience ? une question de foi religieuse, une loi enfin que chacun peut bien s'imposer à soi-même, mais pour laquelle il ne peut exiger des autres la même obéissance, et que le législateur ne pourrait consacrer sans faire d'un acte de foi un devoir civil, d'une prescription religieuse une contrainte légale, sans violer le grand principe de la séparation du tem-

porel et du spirituel, sans rompre cette belle
unité de notre loi civile, qui est la même
pour tous les citoyens, quelle que soit leur
croyance, parce qu'elle est faite pour tous
les membres de l'État, et non pour les sectes
religieuses. C'est le Français qui contracte
devant l'officier de l'état civil; c'est le cro-
yant catholique qui demande au prêtre de
bénir son union. Si les obligations que ce
dernier impose sont plus rigoureuses que les
obligations civiles, n'est-ce pas là le rôle de
la religion, comme c'est celui de la morale?
Leur empire ne se prolonge-t-il pas toujours
bien au-delà de la limite où s'arrête celui
de la loi ?

Et puis, il faut le remarquer, dans aucune matière, le dogme catholique et la loi
civile ne partent d'un principe plus diamétralement opposé. Pour l'un, le célibat est plus
saint et plus parfait que le mariage ; l'autre
encourage le mariage et tolère le célibat. L'un
exige de l'homme qu'il lutte même contre les
besoins de sa nature, et lui tient compte
pour le ciel de chacune des privations qu'il
s'impose ; l'autre met sa perfection à satisfaire tous les besoins de l'homme et à mettre
le moins souvent possible la passion individuelle aux prises avec l'ordre social. Aussi,
est-ce une objection à peu près abandonnée
contre le divorce, que celle de son incompatibilité avec le dogme catholique ; et la
loi de 1816, votée sous l'influence de cette
idée, n'est cependant aujourd'hui défendue

que par des considérations empruntées, à la religion, mais non à la politique et à la morale. C'est sous ce seul point de vue que la question peut désormais être sérieusement traitée. L'intérêt des mœurs, en général, l'intérêt de la femme, l'intérêt des enfants, tels sont les éléments de la discussion.

Le divorce, par cela seul qu'il offre aux époux l'éventualité d'une dissolution du mariage avec la faculté d'en former un nouveau, est un véritable encouragement aux désordres intérieurs. On ne se plie pas aux exigences d'un état qu'on peut changer, et la loi se rend complice de notre penchant à l'inconstance, qaand elle dépouille l'union conjugale du caractère de la perpétuité ; elle fait naître le mal auquel elle veut remédier. Tel est l'argument capital contre le divorce, celui qui se reproduit sous diverses formes dans les discours, les écrits, qui ont eu pour but de le combattre. Cet argument n'est pas resté sans réponse.

S'il est vrai, a t-on dit, que l'époux souffrira moins patiemment le mal auquel il pourra se soustraire, il faut bien reconnaître aussi que rien ne corrompt comme le pouvoir de faire le mal impunément; que tel époux qui, certain de conserver sa victime sous la main, se jouera de tous ses engagements, de tous ses devoirs, les respectera davantage s'il sait que cette victime peut invoquer le secours de la loi, et demander à un autre le bonheur légitime qu'il lui avait promis. Si donc, dans certains cas, le divorce doit rendre l'époux plus rebelle à la persécution domestique, dans d'autres aussi, il préviendra cette persécution même. Et puis, à côté de l'inconvénient du divorce, il faut voir le danger de son absence, et se souvenir que notre nature sait toujours se venger du despotisme des lois, soit par le crime, qui est une réaction violente, soit par la corruption, qui est une sourde protestation.

D'ailleurs, quels sont les caractères que la perspective d'un nouveau mariage portera à jeter le trouble au sein de la famille ? Ce ne seront pas à coup sûr les caractères religieux et résignés : la passion seule ou l'immoralité pourraient se préoccuper de cet avenir de liberté. La passion ? Mais elle ne sait pas calculer et combiner des chances légales ; elle est aveugle, et, si elle ne l'était pas, elle se souviendrait que l'adultère, aux termes de la loi, sépare les deux complices par une barrière insurmontable, bien loin de les rapprocher. L'immoralité ? Mais quel besoin pour elle du divorce ? La séparation lui offre tous les avantages que le divorce lui offrirait, et de plus, cette sécurité que les enfants qui naîtront pendant sa durée, recevront un père de la loi.

Quant aux droits de la femme, les objections qu'on en tire partent de deux principes opposés. Les résultats du divorce, disent les uns, ne sont pas égaux pour les deux époux ;

l'homme sort du mariage avec son autorité et sa force, la femme n'en sort pas avec toute sa dignité; et de tout ce qu'elle y a porté, pureté virginale, jeunesse, beauté, fécondité, fortune, elle ne retrouve que son argent.

Est-ce une loi protectrice de l'ordre, disent les autres, que la loi qui, dans un acte aussi important que la dissolution du mariage, donne un droit égal, ou, pour mieux dire, une juridiction éventuelle à l'épouse, d'où naît inévitablement une prétention habituelle à l'égalité, et par conséquent l'anarchie domestique?

A la première de ces objections, on peut répondre que si c'est la femme qui est exposée à perdre le plus par le divorce, c'est elle aussi qui a le plus besoin de ce secours de la loi. Le divorce ne rend pas à la femme sa virginité, sa pureté, cela est vrai ; il la jette dans le monde dans cette situation fausse qui n'est ni celle de la fille, ni celle de la femme ou de la veuve : eh bien! c'est une garantie que la femme ne recourra pas à ce moyen extrême sans la plus impérieuse nécessité. A la seconde objection, la réponse est dans ces deux mots : la prééminence du mari sur la femme ne peut jamais être le droit d'oppression du fort sur le faible.

Reste l'intérêt des enfants. Ici, nous devons rappeler que le désordre existe qnand il s'agit d'y remédier ; que la famille est troublée ; que la question n'est pas entre la réconciliation et la rupture, mais entre un mode de rupture et un autre.

L'intérêt des enfants est compromis dès que le désordre existe, leur intérêt moral par les mauvais exemples qu'ils reçoivent, leur intérêt de fortune par les dissipations que le déréglement entraîne d'ordinaire après lui.

Si vous offrez le choix aux époux entre la séparation et le divorce, ce choix sera dicté par la croyance religieuse de chacun. Celui à qui sa foi défendra de contracter un nouveau mariage pendant la vie de son époux, celui-là seul optera pour la séparation, et c'est alors que la séparation sera vraiment empreinte de plus de piété, de plus de moralité même que le divorce. Car le célibat qu'elle impose sera un célibat volontaire, un sacrifice accepté.

Mais si vous faites de la séparation la loi générale, la loi unique et inflexible, alors vous jetez pêle-mêle dans la séparation de corps, et les croyances qui acceptent le sacrifice, et les natures qui s'y refusent. Ne parlez plus de célibat volontaire, c'est d'autre chose qu'il est maintenant question, c'est de l'adultère public et permanent. Ce n'est plus alors la religion qui impose une privation à qui elle promet récompense, c'est la loi qui inflige une peine perpétuelle au malheur ; c'est elle qui légalise en quelque sorte le crime par l'excuse de la nécessité, et qui combine avec les causes générales de corruption, les incompatibilités individuelles. Et alors, quels exemples pour les enfants ! quelle influence

pour leur éducation et leur avenir! La loi a
voulu empêcher l'introduction d'une marâtre
dans la famille, et elle a ouvert la porte à
une concubine. Elle a craint que l'éducation
des enfants ne fût confiée à une sévérité trop
inflexible, et elle leur met sous les yeux le
spectacle de la dépravation et de l'immoralité.

Et qu'on ne fasse pas valoir contre le divorce cette scission de la famille qui va séparer les enfants, soit du père, soit de la
mère, qui va répartir des frères et des
sœurs autour de deux foyers où ils ne recevront d'autres enseignements que ceux du
ressentiment et de la haine. Ces maux, qui
ne sont que trop réels, ce n'est pas le divorce qui les a créés; ils existent presque
tous au cas de secondes noces comme au cas
de divorce, et la séparation n'y sait pas plus
de remède que lui.

Au reste, une considération puissante do-
mine toute cette question du divorce. Le divorce ne sera jamais réclamé que dans les
pays où il aura un intérêt, et il n'a d'intérêt que là où le mariage est respecté. Dans
les pays où le dogme religieux, constituant
la loi elle-même, a établi de la manière la plus
absolue l'indissolubilité du mariage, le ma-
mariage, par une réaction forcée de la nature contre le despotisme de la loi, est devenu à peu près purement nominal, et des
unions illégitimes se sont emparées de ce
que le mariage a de réel et de sérieux. Là,
quel serait l'intérêt du divorce? C'est le con-

cubinage qui est devenu le véritable mariage
c'est-à-dire l'union des affections et des existences. On peut dire de ces pays ce qu'on a
dit de la France du seizième siècle : ils ont
traversé le divorce comme elle a traversé la
réforme ; ils restent dans les liens indissolu-
bles parce qu'ils ne pratiquent plus la sainteté
du mariage, comme la France est restée no-
minalement catholique parce qu'elle n'a plus
même assez de foi religieuse pour être pro-
testante.

Ce qui serait déplorable, c'est que les
mœurs pussent se façonner à cet état de
choses de telle manière qu'il n'y aurait plus
dans les cœurs ni indignation ni réaction
contre un tel désordre, tandis que si la loi,
moins absolue, eût offert aux époux la possibilité d'échapper aux conséquences d'une
union mal assortie par le divorce et par
de nouveaux mariages, le mariage eût peut-
être recouvré la sainteté et le respect qui
lui appartiennent, en recevant un peu de
liberté. Le désordre que le divorce eût fait
sortir du mariage y a été refoulé par son
abolition.

On a bien essayé, en France, de faire
disparaitre un des abus les plus révoltants des séparations, en abrogeant pour ce
cas la présomption de paternité. Mais cette
présomption de paternité est une conséquence
inséparable de l'existence légale du mariage.
Elle intéresse d'ailleurs le mari à surveiller
la conduite de la femme séparée, et comme

il a seul l'initiative de l'action en adultère,
si la loi le désintéressait dans cette action,
le désordre de la femme séparée serait toujours impuni, ce qui n'existe déjà que trop
de fait, sans le consacrer par la loi.

Il nous reste à dire un mot des causes du
divorce. Ces causes étaient multipliées jusqu'à l'excès dans la loi de 1792. Outre l'incompatibilité d'humeur, sur laquelle nous
nous sommes déjà expliqué, elle reconnais-
sait encore de plus que le Code civil, comme
causes du divorce, la démence du conjoint,
le déréglement de mœurs notoire, l'abandon
pendant deux ans, l'absence pendant cinq
ans, et l'émigration. De toutes ces causes, le Code civil n'a retenu que les sévices
et injures graves, l'adultère, la condamnation
infamante, et le consentement mutuel, qu'il
ne faut pas confondre avec la répudiation
exercée par un seul des deux époux, et qui
même, dans la plupart des cas, cachera une
cause déterminée que l'époux outragé n'aura
pas voulu livrer au scandale de la publicité.
Au reste, le Code civil a entouré de précautions, de lenteurs et de sacrifices, la prononciation du divorce par consentement mutuel.
Une persévérance de plus d'un an dans leur
résolution, le sacrifice de la moité de leur
fortune à leurs enfants, l'ajournement à plus
de quatre ans de tout espoir d'un nouveau
mariage, sont de sûres garanties, non-seule-
lement que toute affection est détruite, mais

encore qu'il y a dans la vie commune tant de souffrances ou de dangers que la réconciliation est impossible et l'aversion irrémédiable.

C'est entouré de toutes ces restrictions, c'est étayé de l'expérience qui a démenti les prophéties dont on avait cherché à effrayer ' l'opinion , c'est enfin avec l'appui d'hommes purs et éclairés que le divorce demande aujourd'hui sa réintégration dans nos lois. Plusieurs fois il a échoué; mais la question intéresse trop de souffrances pour n'être pas soulevée de nouveau.

ANNEXE N° 12.

1848.

La prédominance de l'esprit clérical dans la Chambre haute, avait empêché le gouvernement de Juillet de rétablir le divorce en France.

Il était naturel qu'un des premiers actes de la révolution de Février, fût un essai de retour aux grandes traditions de moralité, de liberté, de justice, inaugurées par le Code civil de la Convention.

Sans faire revivre absolument les dispositions de ce Code mémorable, la nouvelle République ne pouvait se montrer plus réactionnaire que le premier Empire.

M. Ad. Crémieux, membre du gouvernement de 1848, et ministre de la Justice, monta donc à la tribune de l'Assemblée nationale, et, au nom du gouvernement, proposa le rétablissement de la loi de 1803.

La proposition de M. Crémieux — mal accueillie d'ailleurs, — ne fut pas même discutée.

L'Assemblée Constituante dut faire place à l'Assemblée Législative, avant que le projet du ministre de la Justice pût être mis à l'ordre du jour.

On sait comment finit à son tour l'Assemblée Législative.

La courte République de 1848 en fut donc pour sa généreuse — mais infructueuse — tentative.

—

Quant à l'homme qui avait reproché au gouvernement de Louis-Philippe de n'avoir pas rétabli le « divorce, dans l'intérêt des familles, » — devenu empereur, il n'y songea plus.

———

La question revient donc entière aujourd'hui.

Elle n'est plus neuve ; on a eu le temps de l'étudier.

L'auteur de ce livre est convaincu que le temps approche où elle sera de nouveau portée au grand jour de la discussion, et où une Assemblée nouvelle, dégagée de tout esprit de réaction et de tout préjugé ultramontain, donnera gain de cause à ceux qui cherchent à fortifier la famille, en moralisant le mariage.

FIN.

BIBLIOTHÈQUE PUBLIQUE MONTBÉLIARD

TABLE DES MATIÈRES

Clermont (Oise). — Imprimerie A. Daix.

CLERMONT (OISE). — IMPRIMERIE A. DAIX,

Richer, Léon
Le Divorce, projet de loi précédé

27981

www.ingramcontent.com/pod-product-compliance
Ingram Content Group UK Ltd.
Pitfield, Milton Keynes, MK11 3LW, UK
UKHW021015140726
13695UKWH00001B/272